Greg LeMond's

Rennrad-Werkstatt

ON THE ROAD

BLV

CIP-Titelaufnahme der Deutschen Bibliothek

Greg LeMond's Rennrad-Werkstatt on the road
[alle Fotos von David Epperson]. – München; Wien; Zürich: BLV, 1991
Einheitssacht.: Guide to bicycle maintenance and repair >dt.<
ISBN 3-405-14191-5
NE: LeMond, Greg; Epperson, David; Rennrad-Werkstatt on the road; LeMond's Rennrad-Werkstatt on the road; EST

Bildnachweis:
Alle Fotos von David Epperson

Umschlaggestaltung: F & H Werbeagentur GmbH, München
Umschlagfoto: Ciclo Sport (Werkfoto)

Übersetzung: Wolf Töns

BLV Verlagsgesellschaft mbH
München Wien Zürich
8000 München 40

Titel der amerikanischen Originalausgabe:
Guide to Bicycle Maintenance and Repair

Erschienen bei Perigee Books,
a division of The Putnam Berkley Group, Inc., New York

Satz: Typodata, München
Druck: Wenschow/Franzis, München
Bindung: Egertz, Wartenberg
Printed in Germany ISBN 3-405-14191-5

Danksagung

Nach meinem Sieg bei der Tour de France bin ich oft gefragt worden: »Was ging durch Deinen Kopf, als Du gegen Laurent Fignon gewonnen hast?« Offen gestanden: Ich weiß es nicht mehr genau. Das einzige, woran ich mich erinnern kann, ist, daß der französische Fernsehreporter Jean-Paul Olivier mir sagte: »Greg, tu as gagné; Greg, tu as gagné.« Er wollte mir sagen, daß ich die Tour de France gewonnen hatte, daß ich eine Tour de France gewonnen hatte, von der ich drei Wochen zuvor nicht einmal gedacht hatte, daß ich sie bestimmt zu Ende fahren könnte.

Meine erste Tour hatte ich schon drei Jahre zuvor gewonnen. Aber wegen eines bitteren Streits mit meinem Teamkollegen Bernard Hinault hatte die französische Presse mir vorgeworfen, Bernard den Sieg »gestohlen« zu haben. Obwohl dies der Höhepunkt meiner Laufbahn hätte sein sollen, war es paradoxerweise ein Tiefpunkt. Der Sieg bei der '89er Tour de France war völlig anders. Ich hatte unter den Folgen eines Jagdunfalls zu leiden, dessen Spätfolgen gar nicht aufhören wollten. Drei Jahre lang hatte ich kein Rennen gewonnen. Immer, wenn ich etwas Neues beginnen wollte, tauchte ein neues Mißgeschick auf. Oft dachte ich, daß ich aufgeben und ein ganz normales Leben anfangen sollte. Insofern war mein Tour-Sieg völlig unerwartet, um nicht zu sagen, eine außerordentlich große Genugtuung.

In diesen drei Jahren konnte ich an einer Hand diejenigen zählen, die an mich glaubten. Vor allem und am meisten gilt dies für meine Frau Kathy, die nicht nur die besten Augenblicke meiner Laufbahn mit mir genossen hat, sondern mir auch in meinen Momenten tiefster Hoffnungslosigkeit beiseite gestanden hat. Ohne ihre große Geduld, ihren Mut und ihre Liebe, so denke ich, hätte ich nicht ins Rampenlicht zurückkehren können.

Ebenso nahe in diesen harten Zeiten standen mir meine Eltern, Bob und Bertha LeMond. Ich kann mir ausmalen, wie sie sich gefühlt haben, als ich verletzt war und es so aussah, als würde ich keine Rennen mehr fahren können.

Am meisten möchte ich Pat Blades erwähnen, meinen Schwager, der bedauerlicherweise dafür bekannt wurde, daß er mit dem Gewehr hantierte, als mich die Kugeln trafen. Obwohl ich nie

gedacht habe, daß Pat eine Schuld trifft, bin ich sicher, daß er sich schuldig fühlt. Heute schulde ich ihm etwas: Sein Beispiel von Stärke und Würde war für mich eine Motivationsquelle.
Mein Dank gilt auch Roger Scholl, von dem die Idee zu diesem Ratgeber stammt und der auch die Energie aufbrachte, einen Verleger von dem Konzept zu überzeugen. Dank auch an Lindley Boegehold und ihre tatkräftige Assistentin, Tina Isaac, die darauf achteten, daß Rogers Idee makellos in die Tat umgesetzt wurde.

Einführung

Als Radrennprofi habe ich eine kleine Armee von Mechanikern, die mir um die ganze Welt folgt. Nacht für Nacht überholen sie mein Rennrad von Grund auf, und während der Rennen erledigen sie alle anfallenden Reparaturen vom Radwechsel bis zum Auswechseln einer gebrochenen Sattelstütze.

Aber auch ein Radrennprofi muß sein Rad warten. Schließlich bin ich tagsüber viele Stunden ohne mein Team zum Trainieren unterwegs, ebenso in der Zwischensaison und in der Zeit zwischen den Rennen. Wie jeder andere Radfahrer habe ich oft am eigenen Leib den Frust gespürt, der sich dann einstellt, wenn man gerade am weitesten von zu Hause entfernt ist und dann einen Plattfuß bemerkt. Ich kenne den Ärger, den ein unablässig gegen das Felgenhorn schlagender Bremsklotz verursacht. Nach und nach kam ich gar nicht umhin zu lernen, wie man praktisch jedem Problem begegnet, das man als Radfahrer nur haben kann. In Gesprächen mit zahllosen Radsportamateuren kam die Rede oft auf eine genaue, aber leicht verständliche Erklärung der üblichsten Rennradprobleme – und was man dagegen tun kann. So entdeckte ich, daß es zwar eine Reihe von schwerwiegenden Büchern zum Thema Fahrradwartung gibt, aber praktisch keinen handlichen, gebrauchsfreundlichen Ratgeber, den man unterwegs auf dem Rad mitnehmen kann. Darum habe ich mich entschieden, diesen Kompakt-Ratgeber zu schreiben.

Die meisten technischen Probleme eines Fahrrads lassen sich mit einigen Grundwerkzeugen beheben, die man bei sich haben sollte. Nur wirklich selten hat man es mit einer so schweren Funktionsstörung zu tun, daß man unterwegs nichts dagegen tun kann. In all den 15 Jahren, in denen ich Radrennen fahre und bis zu acht Stunden am Tag dafür trainiere, mußte ich nie wegen eines irreparablen Defekts unterwegs aufgeben.

Der erste Teil dieses Buches behandelt diese unterwegs auftretenden Probleme und beschreibt, wie man sie am besten behebt. Die zweite Hälfte befaßt sich mit der Wartungs-Routine, die man seinem Rad zu Hause gönnen sollte, um Pannen unterwegs zu vermeiden. Manche Probleme, etwa einen Plattfuß, kann man auch durch vorbeugende Maßnahmen nicht verhindern. Aber viele kleine Wartungs- und Einstellarbeiten lassen sich zu Hause in wenigen Minuten erledigen. So kann man sein Fahrrad ohne großen Aufwand so in Schuß halten, daß es dem Unbill der Straße trotzen kann.

Fahrradfahren ist eine der schönsten Sportarten und dazu eine der gesundesten Möglichkeiten überhaupt, sich fit zu halten. Warum sollte man sich diesen Spaß durch ein paar mechanische Probleme verderben lassen? Das praktische Format dieses Buches und die darin enthaltenen Wartungs-Tips werden Ihnen dabei helfen, fast alle Reparaturen, die am Straßenrand fällig werden, zu bewältigen – damit Sie schnell wieder durchstarten können.

Greg LeMond

Reparaturen am Straßenrand

Werkzeuge

Zunächst beschränken wir uns auf die Werkzeuge, die man realistischerweise unterwegs bei sich führen kann. Die Grenzen lauten hier natürlich: Raum und Gewicht. Ein sperriges Werkzeug wie einen Tretlagerschalenschlüssel (wenn Sie nicht wissen was das ist, keine Sorge: Sie brauchen es auch nicht zu wissen) können Sie schlecht auf dem Fahrrad mitnehmen: Er ist über einen halben Meter lang und wiegt zwischen fünf und zehn Kilogramm.
Die meisten Reparaturen, die Sie unterwegs erledigen müssen, sind Reifenwechsel (die wohl häufigste Arbeit), das Einstellen der Bremsen, des Umwerfers sowie des Schaltwerks.
Hier die Liste der wichtigsten Werkzeuge, die Sie unterwegs dabei haben sollten:

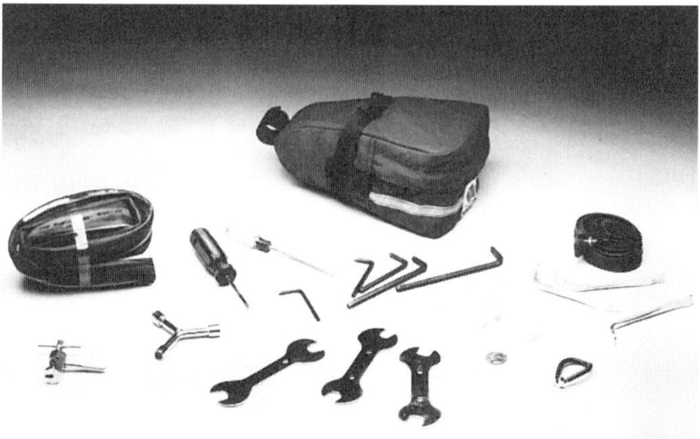

Werkzeugsatz für unterwegs (von links im Uhrzeigersinn): Reservereifen (Decke oder Schlauchreifen), ein Schlitz- und Kreuzschlitzschraubenzieher, ein Werkzeugsack aus Nylon, ein Satz Inbusschlüssel, ein Reserveschlauch (bei Drahtreifen), ein Satz Montiereisen, ein Speichenschlüssel, Kleingeld (für die Telefonzelle), ein Satz Maulschlüssel, ein T-Schlüssel und ein Kettentrenner.

1 Ein T-Schlüssel. Dieser Steckschlüssel hat drei Köpfe, jeweils einen mit 8, 9 und 10 Millimetern Schlüsselweite. An fast allen Fahrrädern haben die Schrauben entweder 8 oder 10 Millimeter Schlüsselweite. Mit diesem T-förmigen Steckschlüssel kann man Bremsen einstellen, Bremshebel, Schaltung, Rennhaken und manchmal auch die Sattelstütze, die mit einer solchen Schraube eingespannt wird. Allerdings braucht nicht jeder so ein praktisches Werkzeug. Wenn Sie etwa ein preisgünstiges amerikanisches Fahrrad haben mit Schrauben und Muttern in US-Größen, dann paßt ein metrischer Schlüssel nicht. Dann brauchen Sie Schlüssel in Zollabmessungen. Die gebräuchlichsten sind 8, 10 oder 12 Millimeter.

2 Ein Satz Inbusschlüssel. Dabei handelt es sich um L-förmige Werkzeuge mit einem Außensechskantprofil. Im Handel bekommt man sie zumeist in einem Satz von sechs oder acht Schlüsseln, der durch einen Ring oder Draht zusammengehalten wird. Inbusschlüssel sind wichtige, wunderbar handliche Werkzeuge, und Inbusschrauben werden praktisch an allen etwas besseren Fahrrädern seit Mitte der siebziger Jahre verbaut. Mit den Schlüsseln kann man Umwerfer, Schaltwerk, Lenkervorbau, Sattelstütze und manchmal auch Bremsen und Bremsgriffe einstellen.

Wichtig: Sie müssen diese Werkzeuge nicht in einem Fachgeschäft kaufen. Es gibt sie auch in jedem größeren Supermarkt. Dann aber sollten Sie sich vergewissern, daß sie an Ihr Fahrrad passen. Das gleiche gilt natürlich, wenn Sie einen noch zu Hause herumliegenden Inbusschlüsselsatz ins Bordwerkzeug packen. Mit Zollwerkzeug können Sie unterwegs nichts anfangen.

3 Ein Schlitz- und/oder Kreuzschlitzschraubenzieher. Sie brauchen einen Schraubenzieher, dessen Klinge so klein ist, daß sie in die Anschlagschrauben paßt, mit denen Sie Umwerfer und Schaltwerk einstellen (vgl. dazu Seite 89 ff: Einstellen des Umwerfers und des Schaltwerks). Zusätzlich brauchen Sie wahrscheinlich einen Schlitzschraubenzieher, um die kleinen Aluminiumschellen, die den Bremszug am Rahmenoberrohr halten, festzuziehen. An den meisten modernen Fahrrädern wird der Zug jedoch von kleinen, am Rahmen verlöteten Führungen gehalten, die ein Einstellen überflüssig machen. Wichtig: In einigen Fällen werden die Schaltungs-Anschlagschrauben mit einem Kreuzschlitzschraubenzieher eingestellt. Prüfen Sie an Ihrem Fahrrad, was für einen Schraubenziehertyp Sie benötigen. Natürlich: Wenn Sie Anbauteile haben, die beide Arten von Schraubenziehern erfordern, kommen Sie nicht umhin, beides einzupacken.

4 Speichenschlüssel. Diesen brauchen Sie, um die Speichen an Ihrem Fahrrad zu spannen. Die nützlichste Form des Speichenschlüssels ist diejenige mit mehreren Maulöffnungen, die auf verschieden starke Speichennippel paßt. (Als Speichennippel bezeichnet man die »Schraube«, mit deren Hilfe die Speiche in der Felge befestigt wird.) Der Nippel verfügt über ein Innengewinde, er wird zum Spannen und damit auch zum Zentrieren des Rades angezogen. Ein Speichenschlüssel ist leicht und kostet wenig. Unterwegs kann er von recht großer Hilfe sein, denn gelockerte Speichen kommen nicht selten vor.

5 Kettennietdrücker, auch Kettentrenner genannt. Wird gebraucht, um durch Entfernen eines Niets die Kette zu trennen. Andersherum läßt sich damit die Kette auch wieder zusammennieten. Dieses Werkzeug wird nicht oft benötigt, üblicherweise nur in solchen Fällen, wenn Sie bei einem kleinen Sturz ein oder zwei Kettenglieder beschädigt haben. Er ist klein, leicht und nicht teuer.

6 Flach- oder Maulschlüssel. Diese werden so genannt, weil sie sehr flach gebaut sind. Unterwegs benötigt man sie, um Bremsen einzustellen, die sich verstellt haben und nicht mehr zentriert sind. Ein Schlüssel mit 13 Millimetern Maulweite ist bei fast allen Fahrrädern besserer Qualität das richtige Werkzeug, um die Bremsen einzustellen. Ein Schlüssel mit 15 Millimetern Maulweite ist nützlich, wenn man unterwegs die Pedale abschrauben muß.

Achtung: Ein richtiger 15-Millimeter-Pedalschlüssel ist einen halben Meter lang und wiegt drei Pfund. Dafür verfügt er über einen wesentlich günstigeren Hebelarm. Wer mit einem normalen 15 Millimeter-Schlüssel vorliebnehmen muß, braucht natürlich einiges mehr an Schmalz in den Armen, und nicht jedem gelingt diese Übung. Doch die meisten halten diesen Kompromiß für annehmbar, weil ein Pedalschlüssel zu massiv ist, um ihn auf die Tour mitzunehmen.

7 Montiereisen. Diese benötigen Sie, wenn Sie mit Drahtreifen fahren. Wenn Sie mit geklebten Schlauchreifen fahren, brauchen Sie sie nicht. Mit dem Montiereisen können Sie den Drahtreifen abziehen, um den Innenschlauch flicken zu können.

8a Reserveschlauch. Wiederum nur dann vonnöten, wenn Sie mit Drahtreifen fahren. (Wenn Sie geklebte Schlauchreifen haben, überspringen Sie 8a und gehen über zu 8b.) Ein Reserveschlauch ist mit das wichtigste, das Sie überhaupt dabeihaben können. Plattfüße sind ein chronisches Fahrradleiden, gegen das es keine bzw. kaum Vorbeugemaßnahmen gibt. Vergewissern Sie sich, daß Ihr Reserveschlauch die richtige Größe hat – es gibt verschiedene Größen, je nachdem, was für einen Felgentyp Sie fahren.

8b Reservereifen. Wenn Sie mit geklebten Schlauchreifen fahren, brauchen Sie einen kompletten Reifen für den Fall eines Plattfußes. Geklebte Schlauchreifen gibt es nur in einer Standardgröße (mit Ausnahme des seltenen 24-Zoll-Schlauchreifens für Kinderräder), aber die Preise weisen enorme Unterschiede auf. Ich würde dazu raten, die preisgünstigere Ausführung für Alltags-Trainingsfahrten zu verwenden und die teuren Reifen für Rennen aufzuheben.

9 Luftpumpe. Diese sollte genau in Ihren Rahmen passen.

Eine Rahmen-Luftpumpe. Dieser wichtige Ausrüstungsgegenstand sollte genau in den Rahmen Ihres Fahrrades hineinpassen.

10 **Eine Reserverolle Lenkerband.** Das Lenkerband kann Ihnen unterwegs in vielfacher Hinsicht Hilfe leisten. Wenn beispielsweise eine Speiche auf der Zahnkranzseite Ihres Hinterrades bricht, können Sie eine neue Speiche erst dann einsetzen, nachdem Sie den Zahnkranz ausgebaut haben. Um bis nach Hause zu kommen, reicht es jedoch, die gebrochene Speiche mit dem Lenkerband an einer benachbarten Speiche zu fixieren.

11 **Ein Markstück.** Die letzte Instanz bei einer Reparatur unterwegs ist ein Anruf zu Hause oder bei Freunden. Es geschieht nur selten, daß ein mechanisches Teil so nachhaltig bricht, daß Sie es nicht reparieren können und aufgeben müssen. Eine Telefonkarte hilft Ihnen beim derzeitigen Verbreitungsgrad der bargeldlos funktionierenden Telefonzellen kaum weiter. Grundsätzlich würde ich jedoch dazu raten: Einen Schein einstecken, um etwas zu essen oder zu trinken zu kaufen oder ein Taxi zu bezahlen, wenn es gar nicht anders geht.

12 **Werkzeugtasche.** Wenn Sie erst einmal die Werkzeuge zusammengetragen haben, die Sie mitnehmen möchten, brauchen Sie dafür ein geeignetes Transportbehältnis. Einige Hersteller bieten Nylontaschen an, die speziell für Werkzeug gemacht sind und unter den Sattel passen. Nehmen Sie die kleinste Tasche, in der Sie Ihr Werkzeug unterbringen können.

Der oben beschriebene Satz von Werkzeugen ist das typische und vollständige Unterwegsgepäck. Mit diesen Werkzeugen können Sie jede unterwegs mögliche Reparatur oder Behelfsreparatur ausführen. Für kurze Strecken können Sie einen Teil der beschriebenen Hilfsmittel zu Hause lassen. Und wenn Ihr Fahrrad konstruktiv anders als beschrieben ist, fällt das jeweilige Werkzeug ohnehin weg. (Zum Beispiel empfehle ich, einen Flachschlüssel mitzunehmen, um die Pedale abschrauben zu können. Aber manche modernen Pedale sind mit einer Inbusschraube an der Innenseite des Kurbelarmes befestigt.) Bei manchen Fahrrädern wird man zusätzliches Werkzeug benötigen. Für manche Sattelstützen etwa benötigt man einen 12-Millimeter-Schlüssel.

Wenn Sie eine mehrtägige Tour planen, sollten Sie zusätzlich einen Ritzelabnehmer, einen Schaltzug, Bremskabel, ein Stück Zughülle für das Schaltwerk, einige Reservespeichen (die man mit einem Klebeband am Rahmenoberrohr fixieren kann) und einen Seitenschneider mitnehmen. Es ist unmöglich, jedes einzelne Werkzeug aufzuführen, das Sie auf die Tour mitnehmen sollten, doch die folgende Checkliste soll Ihnen helfen, herauszufinden, welche Werkzeuge Sie unterwegs am wahrscheinlichsten benötigen werden. Die Liste nennt all die Werkzeuge, die üblicherweise gebraucht werden, um die jeweils vorab genannten Bauteile zu reparieren oder einzustellen. Die Reihenfolge der Werkzeuge richtet sich nach der Wahrscheinlichkeit, mit der man sie braucht. Diese Werkzeuge können Sie unterwegs gebrauchen, um Notreparaturen am Straßenrand auszuführen. Größere Reparaturen habe ich absichtlich außer acht gelassen.

	Bauteil	Werkzeug
1	Verbindung Sattelstütze/Sattel	Inbusschlüssel oder Maulschlüssel
2	Verbindung Sattelstütze/ Rahmen	Inbusschlüssel oder T-Schlüssel
3	Verbindung Lenkervorbau/ Rahmen	Inbusschlüssel oder T-Schlüssel
4	Verbindung Lenkervorbau/ Lenker	Inbusschlüssel oder T-Schlüssel
5	Bremsbolzen	T-Schlüssel, Schraubenzieher oder Inbusschlüssel
6	Bremsbügel ausrichten	13-Millimeter-Flachschlüssel oder Inbusschlüssel
7	Bremskabel-Klemmschraube	T-Schlüssel oder Inbusschlüssel
8	Bremsklotz-Befestigungs-Mutter	T-Schlüssel
9	Umwerferhalterung am Rahmenrohr	T-Schlüssel oder Inbusschlüssel
10	Anschlagschrauben von Umwerfer oder Schaltwerk	Schlitz-, Kreuzschlitz- oder Inbusschlüssel
11	Schaltzug-Klemmschraube am Umwerfer	T-Schlüssel oder Inbusschlüssel
12	Kettenradschrauben am Kurbelstern	Inbusschlüssel

13	Befestigung der Pedale am Kurbelarm	15-Millimeter-Flachschlüssel oder Inbusschlüssel
14	Schrauben und Muttern der Rennhaken	T-Schlüssel
15	Kettennieten	Kettentrenner
16	Schaltwerkbefestigungsschraube am Rahmenausfallende	Inbusschlüssel oder T-Schlüssel
17	Anschlagschrauben des Schaltwerks	Schlitz-, Kreuzschlitzschraubenzieher oder Inbusschlüssel
18	Zug-Klemmschraube des Schaltwerks	T-Schlüssel
19	Speichennippel	Speichenschlüssel
20	Reservereifen	Montiereisen
21	Achsmuttern (inzwischen sind allerdings Flügelmuttern oder Schnellspanner Standard)	Zwei Flachschlüssel (verschiedene Maulgrößen möglich)

Sicherheit

Fahrradfahren ist ein atemberaubender Sport, aber er kann auch gefährlich sein. Das Halten des Gleichgewichts auf zwei Rädern, steile Berge hinunterzurasen, das Fahren auf nassen Straßen – all das sind Situationen mit eingebautem Sturzrisiko. An den meisten Fahrradunfällen jedoch sind Autos beteiligt. Manchmal hat der Radfahrer den Unfall verursacht, öfter der Autofahrer.
Als Radfahrer heißt es, immer auf der Hut zu sein, denn man teilt fast immer die Straße mit anderen Verkehrsteilnehmern: Autos, Fußgängern, anderen Radfahrern. Als Fahrradfahrer kann man sich nicht darauf verlassen, daß der Autofahrer einen sieht und richtig reagiert. Der Radfahrer selbst muß immer mitdenken. Wenn Sie ein Auto sehen, das nach links blinkt, warten Sie ab, ob das Auto tatsächlich nach links fährt. Verlassen Sie sich nicht darauf, daß der Fahrer tatsächlich abbiegt – er könnte schlicht den Blinker vergessen haben. Oft genug geschieht das genaue Gegenteil: daß ein Autofahrer nach links oder rechts abbiegt, ohne daß der Blinker aufgeleuchtet hätte. Sie müssen ständig auf der Hut sein, denn bei einem Zusammenstoß mit einem 2000 Kilogramm schweren Fahrzeug

kann sich jeder nur zu leicht ausrechnen, wer gewinnt und wer verliert. Um sich selbst zu schützen, sollten Sie immer einen Helm tragen. Früher trugen die meisten Radfahrer – wenn überhaupt – nur einen weichen Kopfschutz, dessen Schutzeigenschaften jedoch kaum besser waren als die eines Haarnetzes. Dieses bessere Haarnetz bestand aus drei miteinander verbundenen, wurstartigen Schaumstoffstreifen mit Lederummantelung. Bei einem Unfall bot es keinen wirklichen Schutz. Ein Hartschalenhelm hingegen hat eine schlagfeste Außenschale aus Kunststoff, die selbst die harten Vorschriften des American National Standard Institute erfüllt.
Fahrradhelme sind überraschend leicht und bequem – und nicht einmal teuer. Wenn Sie noch keinen Helm besitzen, sollten Sie dringend einen kaufen gehen – und dann auch benutzen. Es gibt Fahrradfahrer, die sich aus falsch verstandener Eitelkeit weigern, einen Helm aufzusetzen. Aber, glauben Sie mir, die Alternativen bei einem Unfall (von der Kopfverletzung bis hin zu einer Geschirnschädigung) können so gravierend sein, daß modische Aspekte wirklich hintanstehen sollten.
In jüngster Zeit auf den Markt gekommen sind ultraleichte Hartschalenhelme aus Polystyren. Diese Helme sind ausgesprochen leicht, manche Modelle wiegen unter einem Pfund. Sie sind teilweise stromlinienförmig ausgeprägt und können ziemlich fesch aussehen. Die meisten Rennfahrer in den USA (die inzwischen einen Helm tragen müssen) haben sich für einen solchen Helm entschieden. Ich habe mich für einen von Giro entschieden, den ich so gerne trage, daß ich ihn aufsetze, auch wenn ich es nicht muß.
Es gibt jedoch einen gewichtigen Unterschied zwischen einem Ultralight- und einem Hartschalenhelm. Im wesentlichen besteht der Ultralight-Helm aus der Innenschale des Hartschalenhelms. Das macht ihn natürlich leichter und schlanker. Es bedeutet aber auch, daß seine innere Struktur bei einem Sturz durcheinandergebracht werden kann. In einem solchen Fall kauft man sich am besten einen neuen Helm. Eine weitere Einschränkung bei Ultralight-Helmen ist die, daß sie den Helmträger wohl bei Kollisionen schützen, nicht aber gegen das Eindringen eines harten oder spitzen Gegenstandes. Ich persönlich würde den Ultralight-Helm solchen Radfahrern empfehlen, die über viel Erfahrung und Geschick verfügen und auch weite Strecken zurücklegen. Tatsächlich ist der Ultralight-Helm die

beste Wahl für einen Radfahrer, es sei denn, er verfügt über wenig Erfahrung und fühlt sich daher auf dem Rad noch unsicher. Für solche Radfahrer ist der Hartschalenhelm meines Erachtens der bessere Kauf. Manche Radsportler haben mich nach meiner Einstellung gegenüber Helmen gefragt. Radrennprofis, so sagen sie, tragen so gut wie nie einen Helm – und wenn, dann nur die wenig sinnvolle Variante, die einem Haarnetz ähnelt. Auch wenn sich dies schlecht abstreiten läßt, bin ich stolz, sagen zu können, daß ich einer der ersten Profis war, die bei Rennen in Europa einen Ultralight-Helm trugen, und ich werde dies weiterhin in jeder Situation tun, die mir irgendwie riskant erscheint. Ich habe mir das Modell von Giro ausgesucht, und ich denke, daß seine Schutzeigenschaften hervorragend sind.

Denken Sie aber daran, daß Radrennfahrer ihre Straße nicht mit Autos teilen müssen, wenn sie ein Rennen fahren. Radfahren auf der Landstraße hingegen ist eine der gefährlichsten Situationen für Radfahrer überhaupt. Letztlich denke ich, daß der Ultralight-Helm eine hervorragende Wahl für viele Radfahrer ist: er bietet wirklichen Schutz und trägt zumeist auch ein Norm- oder Testsiegel. Er ist auch leichter als ein Hartschalenhelm. Deswegen ist es weniger anstrengend, einen Ultralight-Helm zu tragen. Und wenn ein Ultralight-Helm eine deutliche Schramme abbekommen hat, kaufen Sie einen neuen. Denn was ist letzten Endes wichtiger? Ein paar Mark oder Ihr Kopf?

Was tun bei einem Plattfuß?

Es ist ein wunderschöner Wochenendnachmittag. Sie fahren durch eine herrliche Landschaft, kilometerweit von zu Hause entfernt. Plötzlich hören Sie ein merkwürdiges »Popp« aus der Richtung des Hinterradreifens, gefolgt von einem hellen Pfeifen, als ob die Luft aus einem Loch entwiche. Sie haben einen Platten.

Der Plattfuß ist der gemeine Schnupfen des Radfahrens. Zugleich ist er der am häufigsten auftretende Schaden und bedauerlicherweise einer, den man durch keine noch so vorbeugende Pflege verhindern kann. Aber dafür läßt er sich schneller beheben, als Sie vielleicht denken mögen.

Schlauchwechsel bei Drahtreifen

Die große Mehrheit der heutzutage verkauften Fahrräder hat Drahtreifen, die übliche Form des Fahrradreifens. Er hat seinen Namen von einem Draht, der seine Flanke dort verstärkt, wo er mit dem Felgeninnern in Berührung kommt. Ein aufblasbarer Gummischlauch in seinem Inneren sorgt für die nötige Stabilität. So gesehen, sind Drahtreifen verwandt mit den Automobilreifen der frühen Jahre.

Wenn Sie mit einem solchen Reifen fahren und einen Plattfuß haben, hat der innere Schlauch einen Schaden erlitten, ganz selten die äußere Decke. Diese muß wirklich nur dann ersetzt werden, wenn sie etwa an einer Glasscherbe oder einem spitzen Stein aufgeschlitzt worden ist. Aber selbst mit einer leicht beschädigten Reifendecke läßt es sich fahren, solange der Schlauch noch unversehrt bzw. durch einen unversehrten ersetzt worden ist.

Wie schon bei der Zusammenstellung des Werkzeugs gesagt, sollte jeder, der mit Drahtreifen unterwegs ist, einen Schlauch und einen Satz Montiereisen dabeihaben. Man kann natürlich auch einen ganzen Satz Flickwerkzeug mitnehmen. Gut – das ist Geschmackssache. Manche denken, daß ein defekter Schlauch in jedem Fall geflickt und weiterverwendet werden sollte, doch meine Erfahrung ist, daß solches Flickwerk erstens zu lange dauert (mindestens eine Viertelstunde) und zweitens sein Erfolg meistens nur von kurzer Dauer ist. Auch angesichts der Tatsache, daß ein neuer Schlauch gar nicht so teuer ist und Flickwerkzeug auch nicht viel billiger, denke ich, daß es sich nicht lohnt, einen Schlauch zu flicken, schon gar nicht unterwegs.

Der erste Schritt zum Schlauchwechseln besteht darin, das Rad aus dem Rahmen herauszunehmen. Wenn Ihr Plattfuß vorne ist, ist dies leicht zu bewerkstelligen. Drehen Sie zunächst die Justierschraube der Bremse vollständig hinein. Dadurch öffnen sich die Bremsbügel leicht, soweit, daß das Rad hindurchpaßt. An manchen Fahrrädern findet man die Justierschraube direkt am Bremsenkörper, dort, wo der Bremszug in den Bremsbügel eingehängt wird. Das Öffnen der Bremsbügel mit der Justierschraube ist um so wichtiger, je dicker die Reifen Ihres Rades sind. Bei Fahrrädern in einfacherer Ausführung suchen Sie die Justierschraube allerdings vergebens am Bremsbügel. Dort befindet sie sich am Bremsgriff selbst, und zwar

in Form einer Klammer, die man anhebt und herausnimmt, um ein Öffnen der Bremsbügel zu bewirken.
Als nächstes lösen Sie die Muttern, mit denen die Radachse in die Gabel geklemmt ist. Die meisten Fahrräder heutzutage haben Schnellspanner mit etwa fingerlangen, leicht nach außen gebogenen Hebeln. Um sie zu öffnen, zieht man das Hebelende vom Rad weg und läßt das Rad herausfallen. (Manchmal muß man den Hebelarm einige Male drehen, während man gleichzeitig die konusförmige Mutter auf der Gegenseite festhält.)
Bei einfacheren Fahrrädern findet man auch Flügelmuttern, mit denen die Radachse geklemmt ist. Diese propellerförmigen Schrauben kann man einfach aufdrehen, indem man sie gegen den Uhrzeigersinn dreht.
Nur noch an ganz billigen Fahrrädern werden die Laufräder durch herkömmliche Muttern gehalten. Um diese loszuschrauben, benötigt man zwei Flachschlüssel mit einer Maulweite zwischen 10 und 15 Millimetern. Die richtige Größe finden Sie durch Probieren heraus.
Haben Sie ein Fahrrad mit solchen Schrauben, empfehle ich, diese durch Flügelmuttern zu ersetzen, die es für jedes Fahrrad in der passenden Größe zu kaufen gibt. Noch besser allerdings ist es, wenn Sie gleich auf Schnellspanner umrüsten. Das bringt allerdings mit sich, daß Sie neue Naben gleich dazukaufen müssen, denn Schnellspanner erfordern speziell dafür konstruierte Radachsen.
Der Hinterradausbau ist ein wenig aufwendiger. Zahnkranz, Kette und Schaltwerk umschließen das Rad zusätzlich.
Der erste Schritt ist, wie beim Vorderrad, das Hineindrehen der Justierschraube der Bremse, so daß das Rad durch die Bremsbügel hindurchpaßt. Dann lösen Sie den Schnellspanner, die Flügel- oder Sechskantmuttern, mit denen das Rad im Rahmen befestigt ist. Wahrscheinlich wird sich das Rad nur schwer aus dem Rahmen herausnehmen lassen. Dies liegt an der Kettenspannung, die auf den Zahnkranz wirkt und diesen positioniert hält.
Um dies zu umgehen, stellen Sie sich hinter Ihr Rad und ziehen mit der rechten Hand das Schaltwerk zurück. So löst sich die Kette vom Zahnkranz. Jetzt sollte es möglich sein, das Rad aus dem Rahmen herauszunehmen. Wenn das Hinterrad sich jetzt noch immer nicht lösen läßt, versetzen Sie ihm von oben einen kräftigen Schlag mit

Ausbau des Hinterrades. Nehmen Sie das Schaltwerk von hinten in Ihre rechte Hand.

Wenn Sie das Schaltwerk so weit wie möglich zurückgezogen haben, drücken Sie das Rad gleichzeitig nach unten und nach vorn, um es so herausnehmen zu können.

Ihrer linken Hand. Auch wenn man ein bißchen wackeln und ziehen muß, sollte das Hinterrad sich problemlos aus dem Rahmen heben lassen.

Wenden Sie jedoch keine Gewalt an, allzuleicht können sonst Schäden entstehen. Wenn alle gezeigten Tricks nicht helfen und das Rad noch immer stur an seinem Platz bleibt, drehen Sie weiter an der Justierschraube oder an den Radmuttern.

Haben Sie das Rad erst einmal aus dem Rahmen herausgehoben, nehmen Sie die beiden Montiereisen und den Reserveschlauch aus Ihrer Werkzeugtasche. Stecken Sie nun das erste Montiereisen zwischen Felge und Reifen und schieben Sie es dann behutsam am Felgenrand entlang. Wenden Sie auch hier keine Gewalt an, die Decke ist verletzlich und könnte beschädigt werden.

Wenn ein Ende des Montiereisens unter dem Rand der Decke ist, achten Sie darauf, daß die Längsseite des Hebels parallel zu den Speichen des Rades steht. Sehen Sie jetzt die kleine Aussparung an dem einen Ende des Montiereisens? Sichern Sie jetzt das Eisen,

Abziehen eines Drahtreifens. Stecken Sie das erste Montiereisen (das auf der linken Seite der Abbildung) unter die Reifenflanke und haken Sie es an einer Speiche wie gezeigt ein. Dann stecken Sie das zweite Montiereisen daneben zwischen Reifen und Felge und ziehen es langsam vom ersten Montiereisen weg. So hebeln Sie den Reifen von der Felge.

indem Sie diese Aussparung in einer Speiche einklinken. Wenn Sie das erste Montiereisen soweit gesichert haben, sollte die Decke an einer Stelle über die Felge hinausstehen. Als nächstes stecken Sie das zweite Montiereisen unweit des ersten zwischen Decke und Felge. Schieben Sie es nun vorsichtig zwischen Felge und Decke weiter und lösen so die beiden voneinander. Wenn Sie damit fertig sind, liegen Reifen und Felge auf dieser Seite nicht mehr aufeinander, Sie können dazwischengreifen.

Nun können Sie die beiden Montiereisen wieder entfernen. Um die andere Seite der Decke von der Felge zu lösen, nehmen Sie eines der Montiereisen und stecken es zwischen Felge und Decke. Jetzt, da die eine Seite bereits geschafft ist, sollte die zweite keine Probleme mehr bereiten. Normalerweise wird die zweite Seite sich einfach mit der Hand aus der Felge nehmen lassen. Ist der Widerstand dabei zu groß, wiederholen Sie die Prozedur von der anderen Seite und hebeln Sie die Decke vorsichtig mit dem Montiereisen Stück für Stück entlang des Felgenhorns aus.

Mit ein wenig Übung wird Ihnen diese Arbeit leicht von der Hand gehen. Am besten üben Sie erst einmal zu Hause. Dann sparen Sie sich Zeit und Ärger, wenn Sie einmal unterwegs liegenbleiben.

Nachdem Sie die Decke abgenommen haben, sehen Sie den luftleeren Schlauch. Suchen Sie jetzt das Ventil und drücken Sie es durch die Ventilöffnung in der Felge nach außen. Bei manchen Herstellern ist das Ventil von außen mit einem geschraubten Ring gesichert. Lösen Sie diesen Ring, bevor Sie das Ventil herausdrücken. Jetzt lösen Sie den Schlauch von der Felge. Werfen Sie ihn in den nächsten Mülleimer oder nehmen Sie ihn mit nach Hause, um ihn später zu reparieren (mehr dazu später).

Falten Sie nun den neuen Schlauch auseinander und pumpen Sie ihn mit der Luftpumpe ein wenig auf, so daß Sie ihn noch gut mit der Hand zusammendrücken können. Stecken Sie das Ventil durch das Ventilloch in der Felge und ziehen Sie den Schlauch um die Felge herum. Vielleicht haben Sie jetzt den Eindruck, daß der Schlauch zu groß für Ihre Felge ist. Aber keine Sorge – so sehen alle Schläuche aus, wenn man sie aufzieht. Jetzt ist der Schlauch nur noch durch das Ventil mit der Felge verbunden. Im nächsten Schritt ziehen Sie die Decke über den Schlauch. Ziehen Sie die Decke zuerst von einer Seite her über den Schlauch, was auch ohne Werkzeug keine größe-

Nachdem Sie den Reifen auf einer Seite von der Felge getrennt haben, sollten Sie nun den Reifen ganz mit der Hand abnehmen können.

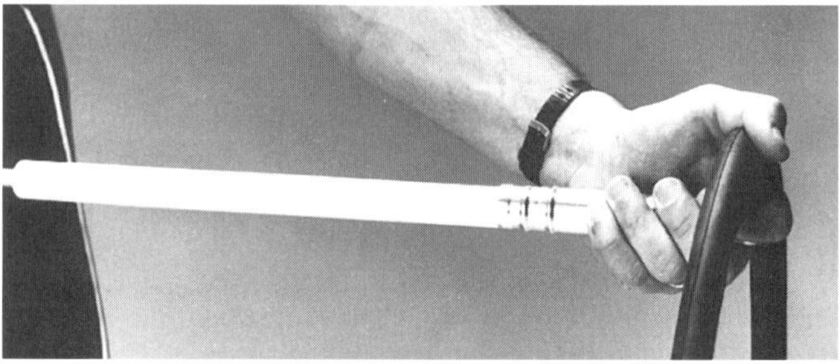

Danach pumpen Sie den Schlauch auf, so daß er seine Form hat, sich aber noch zusammendrücken läßt.

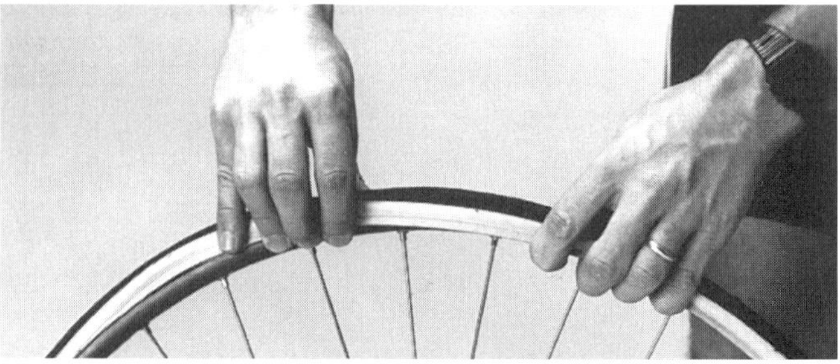

Um den Reifen wieder aufzuziehen, legen Sie den Schlauch in das Felgenbett ein und stecken nun die Reifenflanke nach und nach mit der Hand in die Felge.

ren Schwierigkeiten bereiten sollte. Jetzt haben Sie einen Schlauch auf der Felge und eine Decke über dem Schlauch. Aber die Flanken der Decke sind noch nicht auf der Felge. Und jetzt geht die Arbeit erst richtig los.

Fangen Sie nun an, eine Seite des Reifens nach und nach auf die Felge zu ziehen. Dies können Sie anfangs mit der Hand tun, indem Sie den Reifenwulst zwischen Schlauch und Felgenrand stecken. Beginnen Sie damit immer an der Stelle, an der sich das Ventil befindet, denn dies ist der empfindlichste Teil des Schlauchs. Eine Seite des Reifens sollten Sie mit der Hand über die Felge ziehen können (nehmen Sie die Handfläche, so haben Sie mehr Kraft zur Verfügung. Die können Sie meistens gut gebrauchen, wenn es an die letzten Zentimeter geht). Wenn es gar nicht anders geht, nehmen Sie jetzt ein Montiereisen für das letzte Stückchen – aber nur, wenn sich an dieser Stelle nicht das Ventil befindet. Vorsicht: Wenn Sie einen neuen Schlauch montieren, ist größte Vorsicht beim Einsatz eines Montiereisens geboten, denn ein Montiereisen kann leicht den Schlauch in der Decke verletzen und so einen neuen Plattfuß herbeiführen. So weit wie möglich, versuche ich immer, beim Aufziehen eines neuen Schlauchs ohne Montiereisen auszukommen.

Das Aufziehen der letzten Handbreit ist besonders schwierig. Ein Montiereisen, wie hier im Bild, wird Ihnen das Aufziehen vielleicht erleichtern. Aber Sie müssen sehr aufpassen, daß Sie den Schlauch nicht damit beschädigen. Sie können den Reifen auch nur von Hand aufziehen, aber dazu wird viel Kraft gebraucht.

Wenn Sie erst einmal die erste Seite der Decke auf die Felge gezogen haben, geht es an die zweite Seite. Drücken Sie die Reifenflanke in die Felge hinein und fangen Sie auch hier auf Höhe des Ventils an. Je nachdem, wie geschickt und kräftig Sie sind, kommen Sie ohne Montiereisen bis zur letzten Handbreit, die noch fehlen. Diese sind zweifellos das eigentliche Problem. Zwei Arten gibt es, diese Hürde zu meistern und das letzte Stück des Reifens auf die Felge zu bekommen. Die erste ist die Biceps- und Quadriceps-Methode, zu der man wenig Geschick, aber viel Kraft aufbieten muß. Die zweite habe ich Forceps-Methode genannt, denn sie funktioniert nicht ohne Montiereisen. Wenn Sie die Biceps- und Quadriceps-Methode versuchen wollen, nehmen Sie das Rad in die Arme und halten das widerspenstige Stück dabei von sich entfernt. Halten Sie das Rad mit Ihrem Körper und Ihren Beinen und drücken Sie mit den Händen und Handflächen solange, bis der Reifen in die Felge rutscht.

Bei der Forceps-Methode führen Sie das Montiereisen dort unter den Reifen, wo er beginnt, sich gegen das Aufziehen zu wehren. Hebeln und drehen Sie das Eisen jetzt, bis ein Teil des Reifens in die Felge rutscht. Dies wird Ihnen zunächst wie ein einfaches Manöver vorkommen – aber schwierig wird es erst bei der letzten Fingerbreite. Bis dahin hat sich der Reifen so sehr gespannt, daß Sie glauben werden, alle Naturgewalten arbeiten gegen Sie. Hebeln Sie weiter und benutzen Sie dabei Ihre freie Hand, um das Stückchen festzuhalten, das Sie zuletzt hinübergedrückt haben – bis mit einem lauten »Plopp« auch das letzte Stückchen aufgibt.

Wenn der Reifen erst einmal richtig auf der Felge sitzt, pumpen Sie den Schlauch bis zum richtigen Druck auf. Wenn Sie kein Druckmeßgerät haben, können Sie an der Härte des Reifens abschätzen, ob Sie schon genug gepumpt haben. Ein abschließendes Wort zum Wiedereinbau des Hinterrades. Der Hinterradeinbau kann zermürbend sein. Aber es geht besser, wenn Sie sich an die Schritte erinnern, in denen Sie das Rad ausgebaut haben. Stellen Sie sich hinter das Fahrrad und schieben Sie das Rad behutsam zwischen die Kettenstreben. Ziehen Sie mit Ihrer rechten Hand das Schaltwerk bis zum Anschlag zurück, damit die Kette akkurat auf dem Zahnkranz liegen kann. Jetzt ziehen Sie (oft geht es mit einem leichten Ruckeln besser) vorsichtig mit Ihrer linken Hand (und einigen Fingern der rechten) das Rad zurück in Ihre Richtung, bis die beiden Achsenden

Manchmal springt die Kette beim Ausbau des Hinterrades vom Kettenblatt ab. Um diesem vorzubeugen, legen Sie die Kette am besten auf das kleine Kettenblatt.

korrekt in ihren Schlitzen (Ausfallenden genannt) sitzen. Nun können Sie die Achsmuttern bzw. den Schnellspanner wieder anziehen. Achten Sie dabei darauf, daß das Rad richtig zentriert ist. Als letztes drehen Sie die Justierschraube der Bremse in ihre alte Position zurück.

Beim Aus- oder Einbau des Hinterrades kann es vorkommen, daß die Kette vom Kettenblatt (den großen Zahnrädern am Kurbelstern) rutscht. Wenn das passiert, heben Sie die Kette von Hand auf das kleinere der beiden Zahnräder. Vielleicht müssen Sie dabei den Umwerfer verschieben, was bei fast jedem Fahrrad mit dem Schalthebel auf der linken Seite des Rades geschieht, und zwar bis zum Anschlag nach vorn. Wenn Sie ein altes Kleidungsstück oder einen Lappen in Reichweite haben, nehmen Sie den, bevor Sie die Kette anfassen, um zu verhindern, daß Kettenfett an Ihre Hände kommt.

Reifenwechsel in 15 Schritten

1 Justierschraube der Bremse zurückdrehen.
2 Schnellspanner, Flügel- oder Sechskantmuttern der Achse lösen.
3 Rad herausnehmen.
4 Erstes Montiereisen neben dem Ventil zwischen Schlauch und Felge schieben, an einer Speiche sichern.
5 Zweites Montiereisen neben dem ersten einführen, am Felgenrand entlangschieben, bis der Reifen sich von der Felge löst.
6 Erstes Montiereisen auf der anderen Seite ansetzen.
7 Montiereisen wie auf der anderen Seite am Felgenrand entlangschieben.
8 Reifen abnehmen und beiseitelegen.
9 Innenschlauch herausnehmen.
10 Innenschlauch leicht aufpumpen.
11 Ventil durch das Ventilloch in der Felge führen, eventuell festschrauben. Schlauch über die Felge ziehen.
12 Decke über den Schlauch ziehen.
13 Reifen auf einer Seite auf die Felge ziehen.
14 Reifen auf der anderen Seite auf die Felge ziehen. Montiereisen erst zum Schluß verwenden.
15 Schlauch bis zum richtigen Druck oder bis zur richtigen Härte aufpumpen. Das Rad wieder in den Rahmen einsetzen.

Schlauch flicken

Es gibt Radfahrer, in deren Augen ist das Beherrschen der Flickkunst ebenso Voraussetzung zum Fahrradfahren wie das Treten und Schalten. Durch das Reparieren der alten Schläuche, glauben sie, spart man Geld. Dem kann ich nicht zustimmen. In meinen Augen steht der Aufwand in keinem rechten Verhältnis zum Ergebnis, zumal einmal geflickte Schläuche an der geflickten Stelle wieder undicht werden. Aber wenn Sie eine etwas weitere Fahrt unternehmen und keinen Reserveschlauch mehr haben, packen Sie den undichten Schlauch ein. Wenn Sie jetzt noch einen Plattfuß haben,

können Sie sich wenigstens retten, indem Sie den alten Schlauch flicken. Aber seien Sie darauf vorbereitet, eine lange Zeit am Straßenrand zuzubringen, bis Sie das Leck gefunden haben. Manchmal wird es dazu nötig sein, den aufgepumpten Schlauch unter Wasser zu halten, um das Loch zu entdecken. Und dann müssen Sie noch eine Weile warten, bis der Kleber getrocknet ist. Um das zu vermeiden, empfehle ich auch Reifendichtmittel in der Druckflasche, mit dessen Hilfe man wenigstens so lange weiterfahren kann, bis man einen neuen Schlauch bekommen hat.
Um einen undichten Schlauch zu flicken, brauchen Sie Flickzeug, das es in jedem Fahrradgeschäft zu kaufen gibt. Befreien Sie als erstes (wie in der vorangegangenen Beschreibung) den Schlauch und finden Sie die verletzte Stelle. Dabei kann es hilfreich sein, den Schlauch mit der Luftpumpe aufzupumpen. Wenn das Loch so klein ist, daß man es mit dem bloßen Auge nicht sieht, finden Sie es nur, indem Sie den aufgepumpten Schlauch unter Wasser tauchen. An den kleinen aufsteigenden Bläschen können Sie dann erkennen, wo das Leck sich befindet.
Markieren Sie die Stelle und reiben Sie den Schlauch nach dem Abtrocknen an der markierten Stelle mit dem dem Flickzeug beigefügten Kleber ein. Drücken Sie sofort den Flicken darauf und lassen Sie nun das Ganze zumindest eine Viertelstunde trocknen. Erst dann können Sie anhand des aufgepumpten Schlauchs feststellen, ob der Flicken richtig sitzt und ob die Luft hält. Um den Reifen wieder auf die Felge ziehen zu können, kommen Sie nicht umhin, die Luft wieder entweichen zu lassen.

Reifenwechsel bei Schlauchreifen

Geklebte Schlauchreifen findet man nur auf wenigen Fahrrädern, nahezu ausschließlich Rennrädern. Rennfahrer nehmen diese geklebten Reifen wegen der besseren Fahreigenschaften und wegen des einfacheren Auswechselns bei einem Plattfuß. Wahrscheinlich werden Sie sich jetzt fragen, warum auch nur irgendeiner auf der Welt mit Drahtreifen fährt, wenn doch ein geklebter Schlauchreifen besser und einfacher zu wechseln ist. Doch so einfach ist die Sache nicht. Zuerst einmal sind die Schlauchreifen teurer als die üblichen, zum anderen ist mit ihnen das Risiko eines Reifenschadens größer.

Schlauchreifen bilden eine in sich geschlossene Einheit, die aus dem Reifen selbst – ein dünner, aus Baumwoll- oder Seidenfasergewebe bestehender Schlauch – mit einem dünneren, vernähten Innenschlauch besteht. Man muß also gleichzeitig Schlauch und Decke – nicht nur, wie beim Drahtreifen, den Schlauch – kaufen, um unterwegs einen Plattfuß beheben zu können. Einen Schlauchreifen der unteren Preiskategorie bekommt man schon ab 30 Mark, manche kosten aber auch über 100 Mark. Nur zum Vergleich: Für einen konventionellen Schlauch bezahlt man üblicherweise nicht mehr als sechs bis acht Mark. Zur Not kann man auch Schlauchreifen flicken. Aber dazu ist es notwendig, den Reifen sorgfältig aufzutrennen und wieder zuzunähen. Dazu benötigt man allerdings Spezialwerkzeug und eine Menge Erfahrung. Ich kann es auch leider nicht empfehlen, weil mir dieses Kunststück leider nie geglückt ist.
Es erübrigt sich schon fast zu sagen, daß Sie in Ihrem Handgepäck mindestens einen Reserve-Schlauchreifen mit sich führen, wenn Sie diesen Reifentyp verwenden. Aber auch das will gelernt sein. Denn dazu ist es wichtig, den Reservereifen so zu falten, daß er nicht beschädigt werden kann. Legen Sie den Reifen auf einen flachen Untergrund und halten Sie ihn am Ventil fest. Falten Sie den Reifen jetzt so auseinander, daß das Ventil sicher in der Mitte liegt. Jetzt falten Sie ihn in 10-Zentimeter-Abständen zusammen und achten dabei darauf, daß das Ventil geschützt wird. Stecken Sie den gefalteten Reifen in eine Plastiktüte. Diese befestigen Sie mit einem Reserveschnürsenkel unter dem Sattel. Irgendwelches Werkzeug, das den Reifen beschädigen könnte, sollte dort mit dem Reifenpaket nicht in Kontakt kommen können.
Um einen Plattfuß zu reparieren, nehmen Sie auch hier zuerst das Rad aus dem Rahmen heraus. Die Schritte sind die gleichen wie beim Drahtreifenwechsel. Wenn Sie das Rad in der Hand halten, können Sie jetzt den defekten Reifen von der Felge ziehen. »Ziehen« ist dabei durchaus wörtlich zu nehmen, denn der Kleber, der Felge und Reifen miteinander verbindet, ist ziemlich zäh. Stellen Sie das Rad mit dem Ventil nach unten (also nach oben zeigend) auf den Boden und halten Sie es mit Ihren Beinen sicher fest. Nehmen Sie ein Reifenende, am besten das obere und drücken Sie es mit Daumen und Zeigefinger von der Felge herunter. Drücken Sie so lange, bis der ganze Reifen sich von der Felge gelöst hat.

Manchmal läßt sich ein geklebter Schlauchreifen sehr leicht von der Felge lösen. Das heißt normalerweise, daß er bei seiner Montage nicht richtig aufgeklebt worden ist. Auch wenn er leichter zu entfernen sein mag, bedeutet ein schlecht geklebter Reifen ein Sicherheitsrisiko. Er kann sich in einer scharfen Kurve von der Felge wälzen oder nach einer langen Bergabpassage lösen, wenn der Kleber sich durch die von den Bremsen abgegebene Hitze gelöst hat. Aber in den meisten Fällen werden Sie finden, daß das Trennen von Felge und Schlauchreifen eine des Herkules würdige Aufgabe ist. Wenn Sie den undichten Reifen abgelöst haben, falten Sie den neuen auseinander.

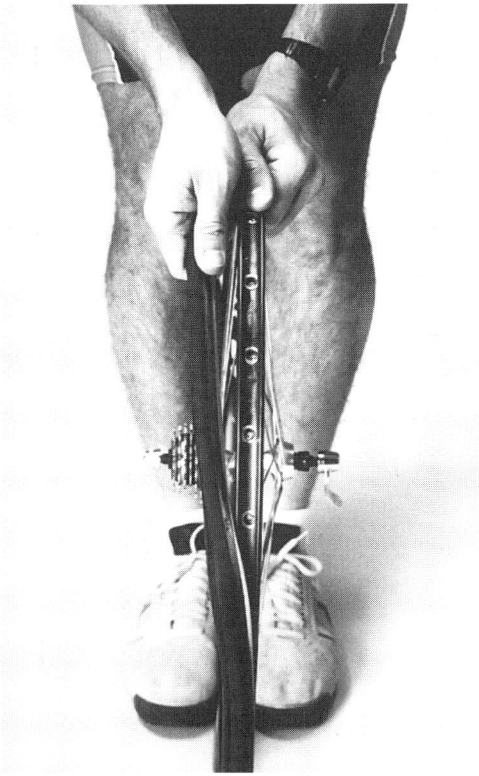

Um einen geklebten Reifen von der Felge herunterzubekommen, müssen Sie ihn buchstäblich abziehen, denn der Reifen ist mit einem Spezialkleber auf der Felge festgeklebt.

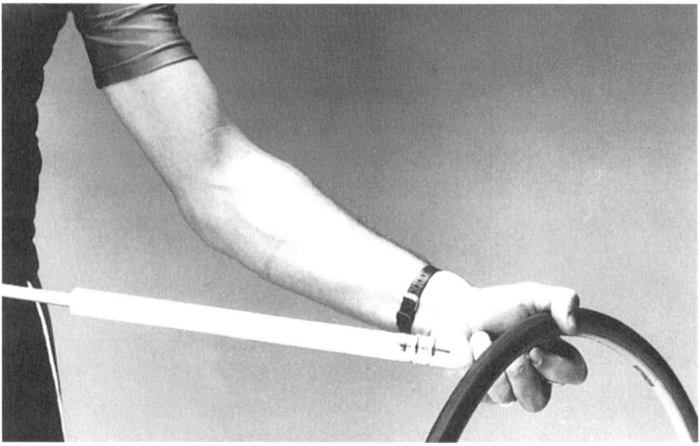

Bevor Sie den neuen Schlauchreifen auf die Felge ziehen, pumpen Sie ihn am besten auf, so daß er sich noch zusammendrücken läßt. Dann geht die Arbeit erheblich leichter.

Bevor Sie ihn auf die Felge ziehen, sollten Sie ihn soweit aufpumpen, daß er Konturen angenommen hat, sich aber noch zusammendrücken läßt. Jetzt stellen Sie die Felge aufrecht so hin, daß die Ventilöffnung oben ist. Stecken Sie das Ventil durch die Öffnung hindurch. Nehmen Sie nun das Rad fest zwischen Ihre Beine und streifen Sie den Reifen darüber. Dabei sollten Sie in beide Richtungen Zug auf den Reifen ausüben, um ihn noch etwas zu dehnen. Wenn Sie sich bis zur Unterseite vorgearbeitet haben, heben Sie die Felge leicht an und drücken mit Kraft die letzten Zentimeter über das Felgenhorn. Sobald dies geschafft ist, pumpen Sie den Reifen mit höchstmöglichem Druck auf. (Ein unterwegs ohne Klebstoff und Zeit zum Trocknen aufgezogener Reifen sollte immer extrem aufgepumpt werden, um zu verhindern, daß er sich in einer Kurve durch Walken von der Felge löst.)
Unterwegs sollte auch ein Schlauchreifen immer trocken, also ohne Klebstoff, aufgezogen werden. Durch den maximalen Luftdruck wird der Reifen auf der Felge gehalten, unterstützt von dem Klebstoff, der von dem abgelösten Reifen noch auf der Felge geblieben ist. Solange Sie jetzt behutsam damit fahren, kommen Sie wahrscheinlich sicher bis nach Hause. Zuviel Klebstoff kann bei alldem

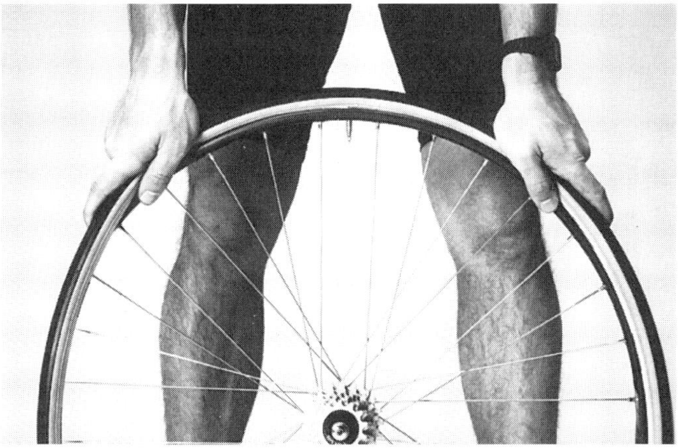

Zum Aufziehen des Reserve-Schlauchreifens drehen Sie die Felge so, daß das Ventilloch sich oben befindet. Legen Sie den Reifen mit beiden Händen auf die Felge.

Das Aufziehen des Reserve-Schlauchreifens wird immer schwieriger, je weiter Sie zur unteren Hälfte des Rades kommen. Halten Sie das Rad mit Ihren Beinen fest und drücken Sie das verbleibende Reifenstück mit viel Kraft auf die Felge.

auch schaden: wenn sich eine so dicke Schicht bildet, daß das Felgenhorn zum Teil verdeckt wird.
Es ist ein in Radfahrerkreisen weit verbreiteter Fehler, beim Aufziehen eines Reifens unterwegs Klebstoff zu verwenden. Hier ist »gut« das Gegenteil von »gut gemeint«, denn solange man dem Kleber keine Gelegenheit gibt, zumindest über Nacht zu trocknen, wird er seiner Aufgabe nicht nachkommen – und noch flüssiger Klebstoff ist schlimmer als gar keiner, denn ohne eine gesicherte und stabile Auflagefläche auf der Felge kann ein Reifen sich in einer Kurve leicht von der Felge wälzen.
Wenn Sie eine Felge haben, auf der die Reste mehrerer Klebeschichten eine mehr oder weniger geschlossene Decke bilden, brauchen Sie keine neue aufzutragen. (Es ist durchaus möglich, zuviel Klebstoff auf der Felge zu haben. Dann müssen Sie mit einem Klebstoffentferner die Felge reinigen und eine neue Schicht aufbringen.)
Wenn Sie wieder zu Hause sind, sollten Sie den frisch aufgezogenen Reservereifen wieder abziehen und, wie im folgenden beschrieben, über Nacht trocknen lassen.

Schlauchreifen aufkleben

Es gibt zwei Sorten Reifenkleber. Der erste ist eine klare, dünne Flüssigkeit, die schnell zu einer zementähnlichen Verbindung zwischen Reifen und Felge abbindet, die so stark ist, daß es manchmal nahezu unmöglich ist, den Reifen bei einem Plattfuß abzuziehen. Man könnte annehmen, daß dieser Kleber der bessere ist, weil er eine so starke Verbindung herstellt. Aber dieser Kleber hat den Nachteil, daß er keinerlei Hafteigenschaften mehr aufweist, wenn er erst einmal abgebunden hat. Das kann gefährlich sein. Diese Art von Kleber empfehle ich dennoch für Radfahrer, die nur selten oder gar nie in die Verlegenheit kommen, unterwegs einen Reifen zu wechseln. Anders gesagt: Es ist genau der richtige für all diejenigen, die sich den Luxus leisten, das Rad zu einer Werkstatt zu bringen, um dort einen neuen Reifen aufkleben zu lassen. Radrenn-Profis verwenden diesen Kleber ebenfalls, weil ihre Werkstatt – die Teamfahrzeuge – bei den Rennen hinter ihnen herfährt, um bei Bedarf für sie das ganze Rad in Sekundenschnelle zu wechseln. Eine solche Annehmlichkeit wird jedoch den wenigsten Radfahrern zuteil – mich selbst eingeschlossen, sofern ich allein trainiere.

Die zweite Klebersorte ist ein burgunderrotes Gel, das über alle Maßen klebrig ist. Es bleibt an jeder Oberflächenart, die es einmal berührt hat, kleben und läßt sich kaum jemals entfernen. Dieser Klebstoff bindet nie vollständig ab. Er schafft zwar keine so felsenfeste Verbindung zwischen Reifen und Felge wie der erstgenannte Klebertyp, aber dafür kann man ihn immer wieder verwenden, wenn man unterwegs einen Reifen wechseln muß. Weil dieser Klebstoff über Monate hinweg zäh und klebrig bleibt, bringt er genügend Adhäsionskräfte auf, um einen unterwegs aufgebrachten Reifen festzuhalten, auch wenn kein neuer Klebstoff aufgetragen worden ist.

Natürlich ist es besser, den Klebstoff nach dem Auftragen über Nacht wirken zu lassen. Wenn Sie nach einem unterwegs reparierten Reifenschaden nach Hause kommen, sollten Sie den Ersatzschlauch wieder abnehmen, eine neue Klebeschicht auftragen und über Nacht einziehen lassen. Die einzige Ausnahme von dieser Regel liegt dann vor, wenn sich eine dicke Kleberschicht auf der Felge gebildet hat. Diese sollten Sie mit einem Farbspachtel oder Kleberentferner beseitigen und eine neue Schicht Kleber auftragen.

Nach einigen Reifenwechseln brauchen Sie keinen frischen Kleber mehr aufzutragen. Zwar ist es besser, wenn Sie unmittelbar nach Aufziehen eines Reservereifens etwas vorsichtiger fahren, aber in den meisten Fällen hat sich eine solche Kleberschicht gebildet, daß ein fester Halt zwischen Reifen und Felge bis zum nächsten Morgen gewährleistet ist.

Ein Wort noch zur Vorsicht: Auch der rote Kleber kann irgendwann einmal trocknen und seine Klebequalitäten einbüßen. Wenn Sie dies feststellen, sollten Sie mit Kleberentferner oder Spachtel die Felge reinigen und frischen Kleber auftragen.

Profimechaniker wenden oft den Trick an, die beiden Flüssigkeiten miteinander zu vermischen und dann aufzutragen. So bekommen sie eine Mischung, die auf der einen Seite klebrig und auf der anderen Seite bombenfest ist. Der Radamateur, der sich das Klebermischen ersparen möchte, aber dennoch die Vorzüge beider Sorten genießen will, kann denselben Effekt erzielen, wenn er beim ersten Aufziehen den roten Klebstoff verwendet und bei den darauffolgenden Wechseln den Klarsichtkleber. Ich persönlich denke, daß diese Mühe sich nur dann lohnt, wenn man auf eine wirklich stark belastbare Verbindung zwischen Reifen und Felge angewiesen ist. Denken Sie daran: der klare Kleber trocknet auf der roten Gelschicht, dann wird beides zusammen trocknen und letztlich nicht mehr kleben.

Reifenreparaturen unterwegs

Ganz gleich, ob Sie Drahtreifen oder geklebte Schlauchreifen fahren: Die beste Art der Vorsorge gegen einen Plattfuß besteht darin, bei sich drehendem Rad über die Oberfläche des Reifens zu streichen. Dies geschieht, indem man leicht mit einer Hand über das sich drehende Rad fährt. Achtung: Tragen Sie dabei immer einen Handschuh, um zu verhindern, daß Sie sich an kleinen Glasscherben oder anderen Splittern verletzen. Das Abtasten der Reifen in der beschriebenen Weise kann helfen, kleine Objekte von der Lauffläche zu entfernen, die einen Plattfuß verursachen können.

Schlauchreifenwechsel in 8 Schritten

1 Justierschraube der Bremse zurückdrehen.

2 Schnellspanner, Flügelmutter oder Achsmuttern lösen.

3 Rad herausnehmen (bei Hinterradausbau das Schaltwerk so zurückziehen, daß es nicht mehr von der Kettenspannung gehalten wird).

4 Reifen von der Felge drücken, angefangen auf der dem Ventil gegenüberliegenden Seite. Ventilseite dabei auf dem Boden lassen.

5 Den neuen Reifen soweit aufpumpen, daß er seine Konturen hat, sich aber mit der Hand zusammendrücken läßt.

6 Ventil durch das Ventilloch in der Felge einführen, eventuell festschrauben. Dabei das Rad so halten, daß das Ventilloch jetzt oben ist.

7 Den Reifen unter Zug über die Felge ziehen. Die letzten Zentimeter mit Kraft den Reifen über das Felgenhorn drücken.

8 Reifen bis zu richtigem Druck aufpumpen. Achtung: Fahren Sie vorsichtig, bis der Ersatzreifen auf der Felge tatsächlich festklebt. Wenn nicht genügend Klebstoff auf der Felge ist, fahren Sie solange behutsam, bis Sie zu Hause neuen Kleber auftragen und über Nacht trocknen lassen können.

Schlauchreifen flicken

Um einen Schlauchreifen zu flicken, benötigen Sie dasselbe Flickzeug, wie Sie es im Handel für Drahtreifen bekommen. Sie brauchen außerdem eine Tube Epoxy und einen Satz spezieller Nadeln, Nähgarn und eine Chirurgen-Schere. Der erste Schritt besteht darin, den Textilstreifen zu entfernen, der die Naht nach außen hin schützt. Jetzt lösen Sie vorsichtig mit der Schere die Stiche der Naht auf. Nur, wenn Sie wirklich genau wissen, wo die undichte Stelle liegt, brauchen Sie nicht die komplette Naht aufzutrennen. Für diesen Arbeitsgang können Sie etwa eine Dreiviertelstunde veranschlagen.

Trennen Sie den inneren Schlauch vorsichtig ab und pumpen Sie ihn auf. Wenn Sie den Schaden jetzt nicht entdecken können, tauchen Sie den Schlauch in ein wassergefülltes Behältnis. Wenn Sie den aufgepumpten Schlauch zusammendrücken, sehen Sie an den aufsteigenden Luftblasen, wo die undichte Stelle liegt. Als nächstes tragen Sie den Kleber aus dem Flickzeug auf den Innenschlauch (der, wenn Sie ihn unter Wasser getaucht haben, auf jeden Fall vollständig getrocknet sein muß) auf. Bringen Sie den Flicken auf und lassen Sie den Kleber abbinden. Wenn Sie einen Reifen von der besseren Sorte haben, ist das Schlauchgummi wahrscheinlich sehr rutschig. Dann müssen Sie diesen Vorgang wahrscheinlich mehrere Male wiederholen, bis der Flicken einwandfrei haftet.

Der schwierigste Teil aber besteht darin, die Naht wieder zu schließen; dabei ist es notwendig, mit einer speziellen Nadel und einem speziellen Nylonzwirn zu arbeiten. Achten Sie darauf, daß Sie die Nadel mit dem Zwirn nur durch die Löcher der ersten Naht führen, die noch sichtbar sind. Ein Profi-Mechaniker braucht dafür zwischen einer Dreiviertelstunde und mehreren Stunden. Als Anfänger in diesem Metier müssen Sie mit etwas mehr rechnen.

Als letztes kleben Sie den Textil-Schutzstreifen auf die frische Naht. Dazu verwenden Sie sparsam Epoxy, von dem nichts an Ihre Hände gelangen sollte.

Lassen Sie mich noch einmal darauf hinweisen, daß Sie auch dann noch nicht Schlauchreifen flicken können, wenn Sie dies einige Male getan haben. Dafür benötigt man wirklich viel Erfahrung, Geschick und Zeit. Heutzutage haben die meisten Radamateure nicht die Zeit, die die großen Mechaniker früherer Jahre hatten, um diese Kunst zu erlernen.

Wie stellt man die Bremsen ein?

Es passiert jedem Radfahrer. Eines Tages, auf einer harten Trainingsfahrt durch die Landschaft, hört man auf einmal ein Quietschen. Ein kleines, aber irritierendes Quietschen, das aus der Richtung eines der beiden Räder kommt. Vielleicht fällt Ihnen auf, daß das Rad einen ganz leichten Schlag hat. Wahrscheinlicher noch aber liegt die Erklärung für das Quietschen oder Schlagen des Rades darin, daß ein Bremsgummi an der Felge anschlägt. Diese Art von Schlagen oder Schleifen wird nicht durch einen Schaden hervorgerufen, sondern durch eine falsche Einstellung. Und die läßt sich unterwegs in ein paar Augenblicken beheben.
Warum hat sich Ihre Bremse verstellt? Manchmal durch einen Sturz, aber in der Regel verziehen sich die Bremsen unter Belastung von ganz allein. Zunächst einmal überprüfen Sie an Vorder- und Hinterrad, welches von beiden an der Bremse streift. Als nächstes öffnen Sie Ihre Werkzeugtasche und nehmen den 13-Millimeter-Schlüssel heraus. Dieser Schlüssel paßt an den Bremsanlagen der allermeisten Hersteller. Sollte dies bei Ihrem Rad nicht zutreffen,

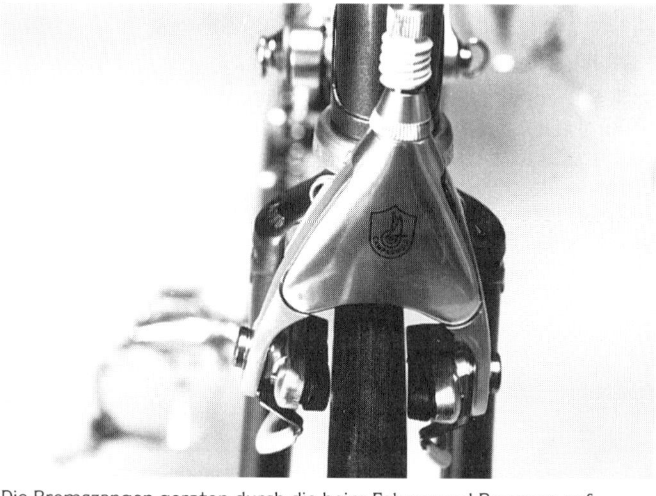

Die Bremszangen geraten durch die beim Fahren und Bremsen auftretenden Kräfte aus der Zentrierung und müssen nachjustiert werden.

fragen Sie Ihren Händler, der gewiß die richtige Größe auf Lager hat. Die meisten 13-Millimeter-Maulschlüssel haben auf der Gegenseite eine Maulweite von 14 Millimetern; achten Sie darauf, die richtige Seite zu nehmen.

Setzen Sie jetzt den Flachschlüssel an der Schraube zwischen Bremsenkörper (das, was Sie und ich als Bremse bezeichnen würden: die beiden Bügel aus Metall) und Vorderradgabel (für die Vorderradbremse) beziehungsweise dem Bremsensteg zwischen den beiden Sattelstreben (für die Hinterradbremse) an. Jetzt drehen Sie den Schlüssel in die jeweils zum Zentrieren der Bremsklötze nötige Richtung: Wenn die Bremse auf der rechten Seite schleift, drehen Sie die Schraube nach links und andersherum. Beim Drehen des Schlüssels fühlen Sie einen gewissen Widerstand; die Bremse sollte sich nur schwer bewegen lassen. Läßt sie sich leicht bewegen, so ist sie nicht richtig an Rahmen oder Gabel festgeschraubt. Sollte dies der Fall sein, müssen Sie die Bremse fest anziehen, was im Wartungskapitel auf den Seiten 105 bis 111 beschrieben wird.

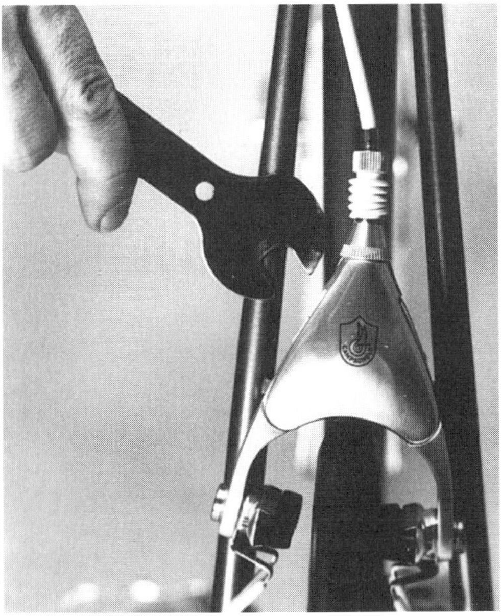

Um die Bremse nachzujustieren, nehmen Sie einen 13-Millimeter-Flachschlüssel und setzen ihn an der Mutter zwischen Bremsenkörper und Rahmen an.

Viele Radfahrer stellen ihre Bremsen nach, stecken den Schlüssel wieder weg und fahren weiter. Aber schon beim nächsten Betätigen der Bremsen stellen sie dann fest, daß ihre Bremse sich schon wieder verzogen hat.

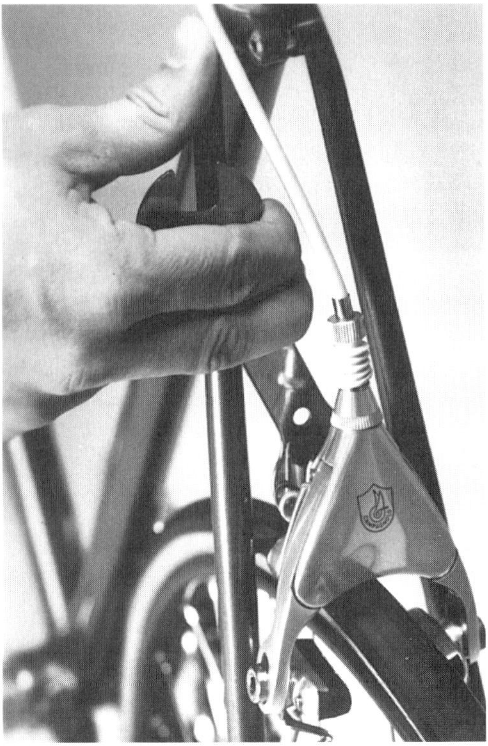

Um die Bremse genau mittig zu justieren, drehen Sie den Flachschlüssel in die entgegengesetzte Richtung, jedoch ein wenig über die Mitte hinaus. Nach einem Durchziehen des Bremsgriffs überprüfen Sie die Position der Bremszangen erneut. Wenn die Einstellung noch nicht hundertprozentig stimmt, nehmen Sie jetzt eine Feineinstellung vor – solange, bis die Justierung auch nach einem Betätigen noch stimmt.

Um dies zu vermeiden, stellen Sie die Schraube so ein, daß die beiden Bremsschuhe nicht zentriert sind, sondern ganz leicht in der entgegengesetzten Richtung verstellt. Bremsen Sie jetzt, ziehen Sie den Griff ganz durch. Sehen Sie sich nun die Bremsgummis noch einmal an. Wenn die Bremse noch immer an derselben Seite Felgenkontakt hat wie zuvor, haben Sie sie nicht weit genug in die entgegengesetzte Richtung verstellt. Wenn Sie jetzt allerdings auf der

Bremseneinstellung in 7 Schritten

1 Überprüfen, ob ein Bremsgummi an der Felge schlägt oder streift. An welchem Rad, an welcher Seite?

2 13-Millimeter-Schlüssel aus der Werkzeugtasche nehmen.

3 Schraubenschlüssel zwischen Bremskörper und Rahmen (bzw. Gabel) ansetzen.

4 a) Durch Drehen des Schlüssels die Bremse zentrieren (bei Schleifen links nach rechts drehen und umgekehrt).

4 b) Wenn die Bremse sich leicht bewegen läßt, sitzt der Bremsenkörper nicht richtig an Rahmen oder Gabel fest. Wartungskapitel aufschlagen (Seite 100 bis 103), Bremsenkörper wie beschrieben festziehen.

5 Bremsenkörper mit Schraubenschlüssel nicht mittig stellen, sondern leicht über die Mitte hinaus.

6 Bremse fest anziehen.

7 Bremse überprüfen. Ist die Bremse jetzt zentriert? Wenn nicht, Vorgang zur Feineinstellung wiederholen.

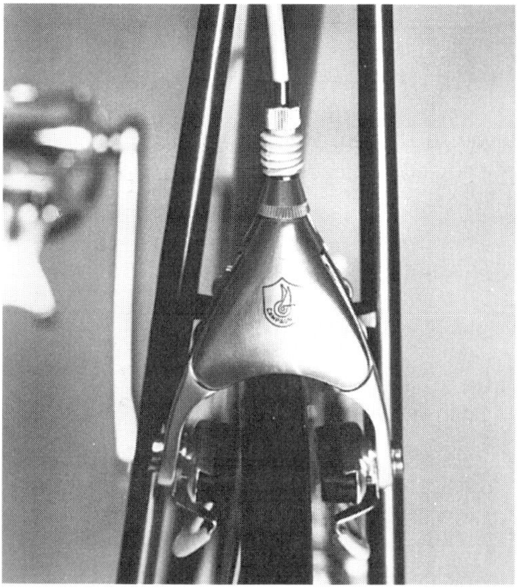

Hundertprozentig justierte Bremsen sind üblicherweise das Ergebnis von Versuch und Irrtum.

anderen Seite Felgenkontakt hat, haben Sie des Guten ein wenig zuviel getan. Drehen Sie die Schraube daher wieder etwas zurück. Wenn nötig, wiederholen Sie dies so oft, bis auch nach einem festen Anziehen der Bremse das Rad auf beiden Seiten frei läuft und die Bremse zentriert ist.
Oft verstellen sich die Bremsen von selbst, weil sich der Bremsenkörper unter der Last der Bremsungen gelockert hat (wie oben beschrieben). Wenn dies an Ihrem Rad häufiger geschieht, sollten Sie den Bremsenkörper so festschrauben, wie es im Kapitel über die Bremsenwartung beschrieben ist.

Bremskabelprobleme

Einer der gemeinsten Defekte, der Ihnen unterwegs passieren kann, ist ein gerissenes Bremskabel. Glücklicherweise geschieht dies nur sehr selten. Wenn es Ihnen dennoch einmal widerfahren sollte, halten Sie unverzüglich mit der noch arbeitenden Bremse an.
Das Auswechseln des defekten Bremskabels ist eine Angelegenheit, die schon anfängt, bevor Sie zu Hause wegfahren. Obwohl alle Fahrräder verschieden lange Bremszughüllen brauchen (jedes Fahrrad wird einzeln von Hand gebaut und die Bremszughülle individuell auf Maß zugeschnitten, so daß sie in jedem Fall unterschiedlich lang sind), werden Bremszüge nur in einer einheitlichen Länge verkauft. Es bleibt Ihnen überlassen, sie mit einem Seitenschneider auf die erforderliche Länge zu stutzen. Weil ein Seitenschneider aber ein relativ schweres Werkzeug ist (das man überdies auch noch selten braucht), sollte man es erst gar nicht unterwegs bei sich haben.
Statt dessen sollten Sie ein Bremskabel zu Hause auf das richtige Maß zurechtschneiden, den noch intakten Zug an Ihrem Fahrrad ausbauen, neben den Ersatzzug legen und diesen auf dieselbe Länge schneiden. Bauen Sie nun den alten Zug wieder ein (wie unten beschrieben). Rollen Sie das Reservekabel zusammen und stecken Sie es zu Ihrem Werkzeug für die Tour.
Wenn unterwegs der Zug der Hinterradbremse reißt und Sie kein neues Kabel dabei haben, können Sie mit ziemlicher Sicherheit bis nach Hause oder zu einem Fahrradgeschäft weiterfahren. Aber wenn der vordere Bremszug reißt, dann haben Sie annähernd 80 Prozent Ihrer Bremskraft verloren. Zur Not, wenn es nirgends

großartig bergab geht, können Sie damit weiterfahren. Wer aber ohne Vorderradbremse bergab fährt, geht ein sehr großes Risiko ein.

Zur Montage eines neuen Kabels entfernen Sie erst den alten Zug. Nehmen Sie den T-Schlüssel aus Ihrem Werkzeug und lösen Sie die Klemmschraube, mit der der Bremszug am Bremsenkörper befestigt ist. Wenn ein Teil des gerissenen Kabels losgeschraubt ist, können Sie dieses einfach aus der Zughülle herausziehen. Der andere Teil des Kabels ist jetzt nur noch lose mit dem Bremsgriff verbunden (dem Griff, mit dem Sie die Bremse betätigen). Um den zweiten Teil des gerissenen Kabels freizubekommen, ziehen Sie den Bremsgriff so weit wie möglich zum Lenker.

Im Griff selbst können Sie nun sehen, wie der Zug mit dem Hebel verbunden ist: über einen kleinen Nippel am Ende des Kabels. Um das Kabel aus der Hülle zu ziehen, nehmen Sie es in die eine Hand, lockern es ein wenig und heben den Nippel aus dem für ihn vorgesehenen Loch. Dies geht normalerweise sehr einfach. Sobald Sie den Nippel frei in der Hand haben, können Sie das Kabel problemlos aus der Hülle herausziehen. Oft genug hat sich aber auch der Nippel in seinem Loch im Bremsgriff verklemmt, so daß man ein wenig Gewalt anwenden muß, um ihn herauszubekommen. Das ist nicht gerade einfach, weil sich das Kabel leicht verbiegt. Wenn Sie den Nippel mit der Hand nicht freibekommen, nehmen Sie einen Schlitzschraubenzieher aus Ihrem Werkzeug und drücken Sie den Nippel aus seinem Sitz im Bremshebel heraus.

Um das neue Kabel zu verlegen, fädeln Sie es zunächst einmal durch das Nippelloch ein, bis der Nippel an seinem Platz im Bremsgriff ist. Halten Sie den Nippel fest an seinem Platz (er neigt dazu, herauszurutschen, solange das Kabel nicht gestrafft und gesichert ist) und führen Sie das Kabel in die Hülle ein, bis es am anderen Ende herauskommt. Dort muß es zuerst durch die Justier- und dann durch die Klemmschraube hindurch, mit der der Zug am Bremsenkörper verbunden ist. Aber eben hier wird die Montage eines neuen Zuges ein wenig schwierig: Sie müssen 1. die Bremsgummis fest gegen die Felge drücken, 2. das Kabel so fest ziehen, bis es wirklich straff ist und 3. die Klemmschrauben am Bremsenkörper fest anziehen. Ihre beiden Hände haben sozusagen drei Jobs gleichzeitig zu erledigen. Daher gibt es ein Spezialwerkzeug, das man die »dritte Hand«

Zuerst wird das beschädigte Bremskabel am Bremsenkörper gelöst. (Beachten Sie: Im Fall der hier abgebildeten Campagnolo »C-Record«-Bremsen benötigen Sie einen Inbusschlüssel, um den Zug loszuschrauben. Aber an den meisten Bremsen reicht dazu ein T-Schlüssel oder ein 8-Millimeter-Schlüssel.)

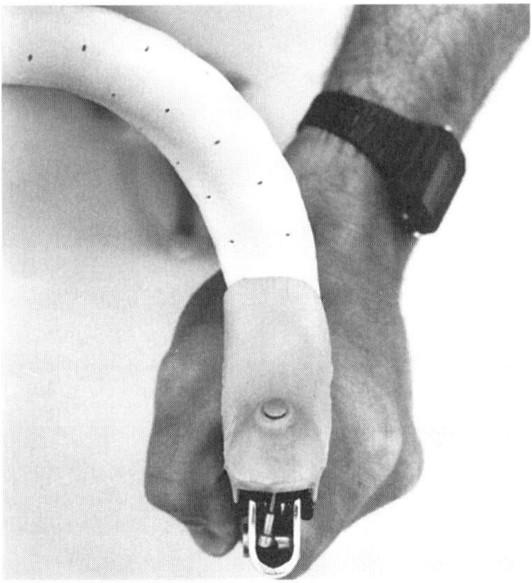

Das Nippelende des Kabels im Bremsgriff. Wenn das Bremskabel gelockert ist, sollten Sie den Nippel aus seinem Sitz im Bremsgriff herausnehmen können.

nennt. Dieses Werkzeug ist eine starke Feder, mit der Sie die Bremsgummis fest an die Felge drücken, so daß Sie beide Hände freihaben, um das Kabel strammzuziehen und dann die Klemmschraube anzuziehen. Leider nur ist die dritte Hand ein wenig sperrig und wird kaum jemals auf die Tour mitgenommen.
Aber es gibt einen Weg, sich unterwegs trotzdem zu helfen. Wenn Sie niemanden dabeihaben oder ansprechen können, der die Bremsgummis andrückt, ziehen Sie das Kabel nur straff an und lassen es dann wieder los, um die Schraube fest anzuziehen. Das heißt, daß der Zug letztlich nicht so straff sitzt, wie er sollte. Aber jetzt können Sie mit der einen Hand die Bremsklötze fest andrücken (was absolut wichtig ist) und mit der anderen Hand das Kabel in seiner

Bremskabelreparatur unterwegs in 11 Schritten

Zu Hause:

a) Originalzug wie unten beschrieben ausbauen.

b) Originalzug und Reservekabel nebeneinanderlegen, Ersatzkabel mit Seitenschneider auf die Länge des Originalzuges stutzen.

c) Originalzug wie unten beschrieben wieder einbauen.

Unterwegs:

1 T-Schlüssel aus dem Werkzeug nehmen.

2 Klemmschraube zwischen Bremszug und Bremsenkörper lösen.

3 Erste Hälfte des gerissenen Kabels herausziehen und beiseite legen.

4 Bremsgriff bis zum Anschlag durchziehen.

5 Nippel aus dem Sitz im Bremshebel drücken.

6 Zweite Hälfte des gerissenen Kabels herausziehen und beiseite legen.

7 Nippel und Zug im Bremsgriff einlegen.

8 Kabel durch die Zughülle führen.

9 Zug am Bremsenkörper befestigen. Mit der anderen Hand Bremsgummis fest gegen die Felge drücken.

10 Klemmschraube fest anziehen.

11 Wenn nötig, mit Justierschraube weiter straffen.

Schraube fest anziehen. Wenn Sie damit fertig sind, können Sie den Zug mit der Justierschraube weiter straffen. Dieses kleine Hilfsmittel erlaubt es Ihnen, den Zug zu straffen, nachdem Sie ihn mit der Klemmschraube gesichert haben. Die Justierschraube finden Sie an Ihrem Fahrrad wahrscheinlich an einer von diesen drei möglichen Stellen: 1. Oben am Bremsbügel, dort wo der Zug beginnt; 2. bei der Klemmschraube, mit der der Zug am Bremsenkörper befestigt ist, oder 3. oben am Bremsgriff, am anderen Ende des Zuges. Diese Einstellmöglichkeit besteht oft aus einer 6-Millimeter-Hohlschraube, durch die das Kabel führt, und hat eine Kontermutter. Indem Sie die Justierschraube gegen den Uhrzeigersinn (manchmal auch im Uhrzeigersinn) drehen, können Sie den Zug auf Spannung bringen. Achtung: Passen Sie auf, daß die Justierschraube anfangs völlig hineingedreht ist, das Kabel also entspannt ist. Das können Sie daran sehen, daß die Schraube bis zum Anschlag nach unten gedreht ist. Drehen Sie nun die Mutter Stück für Stück heraus und sichern Sie sie mit Rändel- oder Kontermutter.

Bremsgriff festziehen

Gelockerte Bremsgriffe werden Ihnen unterwegs wahrscheinlich nur selten Ärger bereiten. Weil Ihre Hände beim Fahren eigentlich ständig in Kontakt mit den Griffen sind, werden Sie sofort spüren, ob sie sich gelockert haben – nämlich dann, wenn sie bei ihrem Betätigen nachgeben; zumindest beim starken Bremsen. Wenn Sie beim Losfahren einen solch gelockerten Bremsgriff spüren, fahren Sie noch nicht los, sondern halten Sie erst noch einmal an, um ihn festzuziehen.

Ein straff eingestellter, spielfrei sitzender Bremsgriff ist nicht irgendein gut gewartetes Teil der gesamten Ausrüstung, sondern ein wichtiges Stück Sicherheit. Radsportler benutzen ihre Bremsgriffe häufig, um ihr Körpergewicht darauf abzustützen – vor allem dann, wenn sie aus dem Sattel herausgehen. Ein loser Bremsgriff ist dann wie ein lockeres Lenkrad im Auto – stellen Sie sich doch nur einmal das Autofahren mit lockerem Lenkrad vor!

Es kann vorkommen, daß Sie mit dem Gefühl von zu Hause losfahren, daß die Griffe festsitzen. Aber schon nach ein paar Kilometern spüren Sie, wie sie nun locker sitzen. Die Ursache dafür sind Vibrationen und Belastung. Wenn Ihnen das passiert, halten Sie am

besten sofort an. Nehmen Sie den T-Schlüssel aus Ihrem Werkzeug (oder einen Inbusschlüssel, wenn Ihr Fahrrad dies erfordert).
Lösen Sie den Bremszug an der Klemmschraube, mit der dieser am Bremsenkörper befestigt ist. Sie müssen den Bremszug deswegen lösen, weil die Schraube, mit der der Griff am Lenker befestigt ist, direkt hinter dem Zug sitzt. Um an die Schraube heranzukommen und sie anzuziehen, müssen Sie den Zug zur Seite schieben können.
Nachdem Sie den Zug gelöst haben, ziehen Sie den Bremsgriff an, was jetzt ohne Widerstand gehen sollte. Nehmen Sie den Bremszug und drücken Sie ihn soweit zur Seite, daß Sie ungehinderten Zugang zu der Befestigungsschraube des Bremsgriffes haben.
Bevor Sie nun die Schraube anziehen, schauen Sie von oben auf den Lenker und kontrollieren Sie, ob der Griff geradeaus zeigt. Wenn er schräg nach vorn zeigt, gleichen Sie das mit leichten Schlägen Ihrer Handfläche aus. Gelegentlich läßt sich der Bremsgriff nicht ausrichten, obwohl er locker sitzt. Wenn dies der Fall sein sollte, lösen Sie

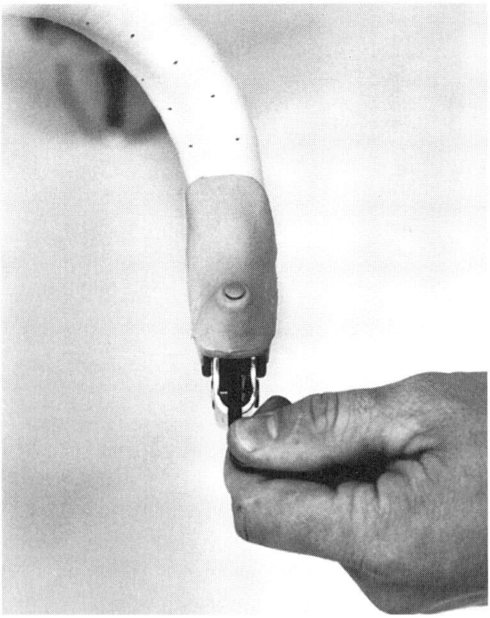

Den Bremsgriff ziehen Sie mit einem Inbusschlüssel am Lenker fest.

die Bremsgriffschraube, richten dann erst den Griff aus und ziehen zum Schluß die Schraube an.
Dazu benötigen Sie wahrscheinlich einen 8- oder 10-Millimeter-Steckschlüssel – den haben Sie ja an Ihrem T-Schlüssel. Aber Sie werden auch feststellen, daß dieser Schlüssel für diese Arbeit nicht das beste Werkzeug ist. Eigentlich ist er ein wenig zu kurz, um an dieser Stelle einwandfrei arbeiten zu können. Aber die Hauptsache ist, daß es damit möglich ist, die Bremsgriffschraube anzuziehen – auch wenn es eben nicht so einfach geht wie mit dem eigens dafür gebauten Spezialschlüssel. Aber den können Sie getrost vergessen, wenn Sie Ihr Werkzeug für unterwegs packen: Er ist zu groß, und man braucht ihn auch nicht sehr oft.
Bei den Bremsen mancher Hersteller benötigen Sie einen Inbusschlüssel, um die Bremsgriffschraube anziehen zu können. Auf den ersten Blick mag das einfacher aussehen. Aber gefehlt: Sie müssen den Inbusschlüssel mit der langen Achse ansetzen und haben als Hebelarm jetzt nur noch das kurze Ende des L-förmigen Schlüssels. Wenn Sie die Bremsgriffschraube am Lenker angezogen haben, müssen Sie nur noch den Zug wieder in den Bremsgriff einhängen.

Bremsgriffbefestigung in 7 Schritten

Zu Hause:

Bei Fahrtantritt regelmäßig Bremsgriffsitz überprüfen.

Lockeren Griff vor dem Losfahren festschrauben.

Unterwegs:

1. T-Schlüssel aus dem Werkzeug nehmen.
2. Zug-Klemmschraube am Bremsenkörper lösen.
3. Bremsgriff bis zum Anschlag durchziehen.
4. Bremskabel beiseite drücken, um ungehindert an die Bremsgriffschraube am Lenker kommen zu können.
5. Von oben überprüfen, ob der Griff richtig nach vorne ausgerichtet ist. Wenn nicht, durch leichte Schläge mit der Handfläche ausrichten.
6. Bremsgriffschraube mit Inbusschlüssel oder T-Schlüssel (je nach Bremsenhersteller und Ausführung) anziehen.
7. Bremszug wieder am Bremsenkörper festschrauben.

Wie stellt man die Schaltung ein?

Schaltwerk einstellen

Eines der ärgerlichsten Erlebnisse beim Radfahren ist, wenn man schaltet und zusieht, wie das Schaltwerk die Kette über das letzte Ritzel hinausschiebt und die Kette in das Niemandsland zwischen Zahnkranz und Hinterrad fällt. Es bleibt einem nichts anderes übrig, als die schmierige Kette mit der Hand wieder auf den Zahnkranz zu heben.

Wenn das Schaltwerk richtig eingestellt ist, kann das nicht passieren.

Glücklicherweise ist diese Einstellarbeit relativ einfach zu bewerkstelligen. Man muß sie allerdings regelmäßig in bestimmten Abständen wiederholen, weil die richtige Einstellung auf Dauer den Vibrationen und dem Druck, die beim Fahren entstehen, nicht standhält. Wenn Sie sehen, wie beim Schalten auf das kleinste oder größte Ritzel des Zahnkranzes die Kette über ihr Ziel hinausschießt, halten Sie sofort an, bevor die Kette so fest zwischen Zahnkranz und Hinterrad eingeklemmt ist, daß sie nur noch mit Gewalt entfernt werden kann.

Wie arbeitet das Schaltwerk?

Ein schlecht eingestelltes Schaltwerk kann dazu führen, daß die Kette vom Zahnkranz springt.

Das Schaltwerk ist als Parallelogramm aufgebaut. Durch seine Bewegung wird die Kette auf dem Zahnkranz hin- und herbefördert. Die Kette läuft über zwei Rädchen, von denen eines für die Führung und eines für die Spannung zuständig ist.
Wenn man den Schalthebel nach vorne oder hinten bewegt, wird die Spannung des Betätigungszuges, der das Schaltwerk sich hin- und herbewegen läßt, verringert oder erhöht, wodurch die Kette von einem Ritzel des Zahnkranzes auf das andere geschoben wird. Wenn Sie den Schalthebel für das Schaltwerk hart durchziehen, wird die Kette dabei gleich einige Ritzel überspringen. Aber der Bewegungsfreiheit des Schaltwerks sind Grenzen gesetzt. An einem bestimmten Punkt läßt es sich nicht mehr weiterbewegen. Wenn es richtig eingestellt ist, bewegt es sich gerade bis zum ersten und letzten Ritzel auf dem Zahnkranz.
Wenn an Ihrem Fahrrad das Schaltwerk die Kette soweit drückt, daß sie vom Zahnkranz hinunterfällt oder die Kette nicht auf das erste und letzte Ritzel heben kann, ist es nicht richtig eingestellt.
Für das Begrenzen der Bewegungsfreiheit zuständig sind die Anschlagschrauben. Um die des Schaltwerks zu finden, drücken Sie den entsprechenden Schalthebel soweit wie möglich nach vorn. Jetzt heben Sie das Hinterrad hoch und drehen mit Ihrer freien

Die Anschlagschrauben begrenzen den Arbeitsweg des Parallelogramms, indem dieses an ihnen anschlägt.

Hand die Pedale einige Male durch, bis die Kette über alle verbleibenden Ritzel gesprungen ist (das Schaltwerk kann seiner Aufgabe nur dann nachkommen, wenn die Kette bewegt wird).
Jetzt sehen Sie sich das Schaltwerk genau an. Sie werden dort entdecken, wie es sich nicht weiterbewegen kann, weil es gegen eine kleine Schraube stößt. Das ist die Anschlagschraube, die den Arbeitsweg des Schaltwerks nach außen begrenzt.
Jetzt ziehen Sie den entsprechenden Schalthebel soweit wie möglich zurück, heben das Hinterrad erneut an und drehen die Pedalen einige Male durch, so daß die Kette auf das größte Ritzel gehoben wird. Wieder sehen Sie sich das Schaltwerk genau an und stellen fest, wie es jetzt gegen eine zweite kleine Schraube stößt. Dies ist die Anschlagschraube für den Arbeitsweg des Schaltwerks nach innen hin.
Wenn Sie die oben beschriebenen Arbeitsschritte durchgeführt haben und die Kette dabei akkurat sowohl zum kleinsten als auch zum größten Ritzel gesprungen ist, dann ist Ihr Schaltwerk richtig eingestellt. Wenn die Kette vom Zahnkranz heruntergefallen ist bzw. das größte und/oder kleinste Ritzel nicht erreicht, dann müssen Sie die Anschlagschrauben Ihres Schaltwerks richtig einstellen.

Am Schaltwerk finden Sie zwei Anschlagschrauben, um den Arbeitsweg des Parallelogramms in beide Richtungen begrenzen zu können.

Wenn das Schaltwerk sich nicht weit genug bewegt, um die Kette auf das innere oder äußere Ritzel zu drücken, gehen Sie wie folgt vor:

1. Wenn die Kette nicht auf dem kleinsten Ritzel zu liegen kommt, drücken Sie den entsprechenden Schalthebel soweit wie möglich nach vorn. Wenn die Kette nicht auf dem größten Ritzel zu liegen kommt, ziehen Sie den entsprechenden Schalthebel soweit wie möglich zurück. Nun nehmen Sie aus Ihrem Werkzeug das für Ihre Anschlagschrauben passende Instrument (was je nach Schaltungstyp ein Inbusschlüssel, ein Schlitz- oder Kreuzschlitzschraubenzieher sein kann). Setzen Sie das entsprechende Werkzeug am Kopf der Einstellschraube an. Drehen Sie die Schraube so, daß sie sich vom Schaltwerk entfernt. Dadurch vergrößern Sie den Arbeitsweg des Schaltwerks. Wenn Sie den Arbeitsweg des Schaltwerks nach außen einstellen, bewirken Sie durch das Vergrößern des Arbeitswegs, daß das Schaltwerk sich weiter nach außen bewegt. Wenn Sie den Arbeitsweg des Schaltwerks nach innen vergrößern, kann es sich weiter nach innen bewegen.

Geben Sie dennoch gut acht. Fangen Sie nicht an zu fuhrwerken wie ein Schreiner beim Nieten. Diese Arbeit erfordert die Genauigkeit eines Uhrmachers und die Umsicht eines Bankiers. Drehen Sie die Anschlagschraube zunächst um eine Viertelumdrehung, setzen sich dann aufs Rad und schalten auf das kleinste Ritzel, indem Sie den entsprechenden Schalthebel soweit wie möglich nach hinten ziehen (wenn Sie nach innen schalten, auf das größte Ritzel) oder indem Sie den Schalthebel soweit wie möglich nach vorne drücken (wenn Sie nach außen schalten, auf das kleinste Ritzel). Wenn Sie ein kratzendes Geräusch hören und sehen, wie die Kette auf das letzte Ritzel klettern will, es aber nicht schafft, dann drehen Sie die Anschlagschraube noch ein wenig auf. Drehen Sie immer wieder an der Anschlagschraube und testen Sie den Erfolg nach jeder Schraubendrehung – solange, bis Sie ohne Schwierigkeiten auf das letzte Ritzel schalten können. Achtung: Drehen Sie die Schraube nicht zu weit heraus – die Kette könnte sonst vom Zahnkranz herunterfallen.

2. Wenn der Arbeitsweg des Schaltwerks zu groß ist und die Kette vom Zahnkranz abrutscht, nehmen Sie als erstes die Kette auf und legen Sie sie auf das nächstliegende Ritzel des Zahnkranzes. (Legen

Sie sich vorher einen Papier- oder Stofflappen zurecht, sonst sind fettverschmierte Hände vorprogrammiert.) Bei dieser Arbeit benötigen Sie dasselbe Werkzeug – je nach Schraubentyp Inbusschlüssel, Schlitz- oder Kreuzschlitzschraubenzieher. Ziel ist, die Anschlagschrauben des Schaltwerks so einzustellen, daß der Arbeitsweg kleiner wird. So erreichen Sie, daß das Schaltwerk sich nicht mehr so weit nach außen oder innen bewegt und so die Kette vom Zahnkranz herunterwirft.
Wie im andersherum gelagerten Fall finden Sie die richtige Einstellung nur durch Versuch und Irrtum. Aber in diesem Fall ist es besser, zuerst zu übertreiben und die Schrauben zu weit anzuziehen. Wenn Sie die Anschlagschrauben zu weit hineindrehen, kann es Ihnen im schlimmsten Fall passieren, daß das Schaltwerk die Kette nicht auf das innere oder äußere Ritzel transportiert – aber das können Sie noch immer durch eine Feineinstellung abstellen. Aber

Wenn die Anschlagschrauben richtig eingestellt sind, sollte die Kette sich bis zum äußeren (wie im Bild) oder inneren Ritzel des Zahnkranzes bewegen können – nicht mehr und auch nicht weniger.

wenn Sie die Anschlagschrauben nicht weit genug anziehen, wird die Kette erneut vom Zahnkranz herunterfallen – und Sie fangen von vorne an.
Wenn beide Schrauben korrekt eingestellt sind, sollte die Kette den Weg vom großen Innenritzel (beim Zurückziehen des Schalthebels) zum kleinen Außenritzel (beim Drücken des Schalthebels nach vorne) sanft und gleichmäßig zurücklegen, ohne dabei Gefahr zu laufen, vom Zahnkranz abzuspringen.

Schaltwerkeinstellung in 3 Schritten

1 Für Ihren Schaltungstyp passendes Werkzeug – Inbusschlüssel, Schlitz- oder Kreuzschlitzschraubenzieher – nehmen.
2 Werkzeug an der entsprechenden Anschlagschraube ansetzen und den Arbeitsweg des Umwerfers durch Drehen der Schraube einstellen. (Wenn die Kette zuvor vom Zahnkranz gerutscht ist, die Schraube so drehen, daß der Arbeitsweg des Schaltwerks begrenzt wird. Wenn die Kette das äußere oder innere Ritzel nicht erreicht, durch Herausdrehen der Anschlagschraube den Arbeitsweg des Schaltwerks vergrößern.)
3a) Wenn die Kette vom Zahnkranz herunterfällt, ist es besser, die Anschlagschraube zu weit hineinzudrehen.
3b) Wenn das Schaltwerk die Kette nicht weit genug (auf das innere oder äußere Ritzel) transportiert, ist es besser, die Schraube nur ein wenig hineinzudrehen und Schritt für Schritt nachzujustieren.

Umwerfer einstellen

Wie das Schaltwerk kann sich auch der Umwerfer von selbst verstellen. Wenn das der Fall ist, wird der Umwerfer entweder die Kette nicht korrekt von einem Kettenblatt auf das andere transportieren oder aber die Kette vom Kettenblatt herunterdrücken.
Auch wenn der schlanke Umwerfer anders aussieht als das Schaltwerk, wird er genauso eingestellt wie dieses. Der Umwerfer drückt buchstäblich die Kette von Zahnrad zu Zahnrad. Wie beim Schaltwerk wird er von einem Zug bewegt, dessen anderes Ende mit dem Schalthebel verbunden ist. Wenn Sie den Schalthebel zurückziehen, drückt der Umwerfer die Kette auf das größere Kettenblatt, wenn

Sie den Schalthebel nach vorne drücken, auf das kleinere. Die Bewegungsfreiheit des Umwerfers wird wie die des Schaltwerks durch zwei Anschlagschrauben begrenzt.
Wenn die Kette nicht das große äußere Zahnrad erreicht (das kleinere, innere Kettenblatt erreicht sie fast immer) oder wenn die Kette über das Kettenblatt hinausgedrückt wird, dann ist eine Umwerfereinstellung vonnöten.

Der vordere Umwerfer arbeitet viel einfacher als das Schaltwerk. Auch hier wird der Arbeitsweg durch zwei Anschlagschrauben begrenzt.

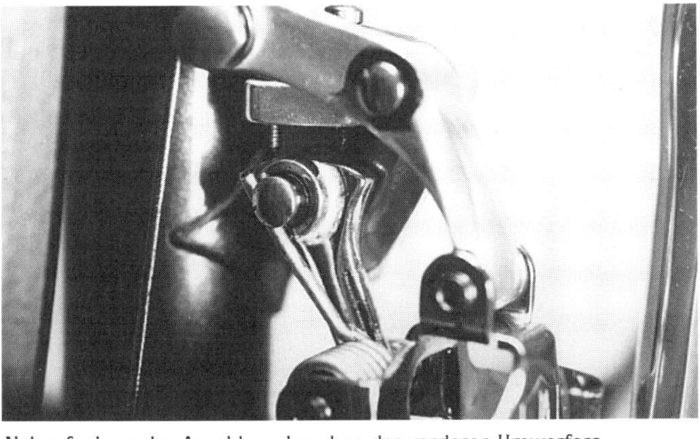

Nahaufnahme der Anschlagschrauben des vorderen Umwerfers.

Wenn die Kette neben das Kettenblatt gefallen ist, legen Sie sie zunächst wieder auf das nächstliegende Kettenblatt. Damit dies einfacher vonstatten geht, empfehle ich Ihnen, den entsprechenden Schalthebel nach vorne zu drücken (womit Sie den Umwerfer über das kleinere, innere Kettenblatt bringen) und die Kette auf das kleinere Kettenblatt zu legen. Das wird Ihnen die Arbeit deswegen erleichtern, weil das kleinere Kettenblatt die Kette weniger spannt, wodurch sich diese leichter handhaben läßt.
Im nächsten Schritt greifen Sie aus Ihrem Werkzeug den geeigneten Schlüssel oder Schraubenzieher und begeben sich auf die Suche nach den Anschlagschrauben. An fast allen Umwerfern befinden sich diese in Nähe der Klemmschraube, mit der der Schaltzug am Umwerfer befestigt ist. An manchen Modellen sitzen die beiden

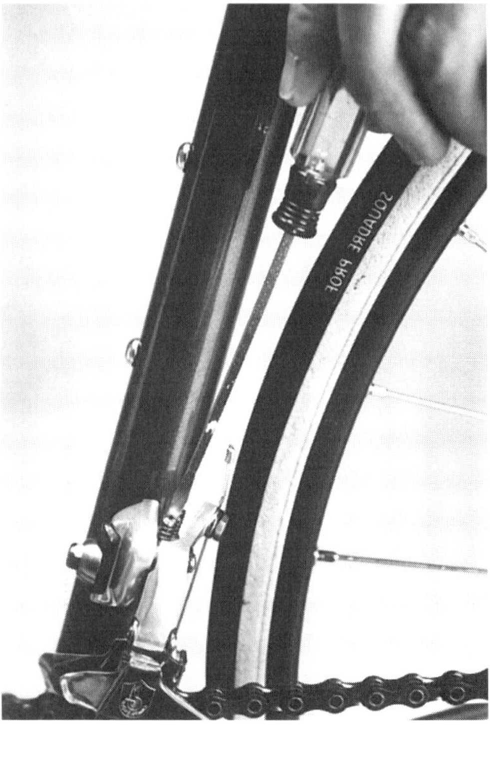

Die Anschlagschrauben werden mit einem Schraubenzieher eingestellt.

Anschlagschrauben direkt nebeneinander, bei anderen liegen sie relativ weit auseinander. Bei den meisten Umwerfern begrenzt die innere Schraube den Arbeitsweg des Umwerfers nach innen, die äußere dementsprechend den Arbeitsweg des Umwerfers nach außen. Aber die einzige Möglichkeit, herauszufinden, in welcher Richtung eine Anschlagschraube den Arbeitsweg eines Umwerfers begrenzt, besteht darin, den Schalthebel zurückzuziehen und dabei genau zu verfolgen, an welcher Schraube der Umwerfer anschlägt. Jetzt legen Sie den Schalthebel nach vorne um und verfolgen, welche Anschlagschraube den Arbeitsweg des Umwerfers in dieser Richtung begrenzt. Wenn der Umwerfer sich zu weit nach außen bewegt und infolgedessen die Kette nach außen vom Kettenblatt abgleiten läßt (das geschieht üblicherweise nur in dieser Richtung), dann müssen Sie den Arbeitsweg des Umwerfers begrenzen. Drehen Sie die Anschlagschraube so, daß der Umwerfer sich nach innen bewegt. Wenn Sie an der Anschlagschraube drehen und der Umwerfer sich nach außen bewegt, dann wissen Sie, daß Sie in die falsche Richtung drehen. Deswegen ist es besser, anfänglich die Schraube ein paar Umdrehungen zu weit hineinzudrehen. So mag die Kette vielleicht nicht mehr auf das äußere Kettenblatt springen

Diese Kette ist wegen eines mangelhaft eingestellten vorderen Umwerfers vom Kettenblatt gesprungen.

können, aber das beheben Sie einfach, indem Sie nach und nach die Schraube wieder herausdrehen und zwischendurch den Erfolg überprüfen. Wenn Sie anfangs die Schraube nicht weit genug drehen, wird Ihre Kette beim ersten Versuch wieder abspringen.
Wenn der Umwerfer beim Schalten nicht bis zur Höhe des äußeren Kettenblattes kommt, dann müssen Sie seinen Arbeitsweg vergrößern. Anders gesagt: Der Umwerfer kann die Kette gar nicht auf das äußere Kettenblatt transportieren, weil er sich nicht weit genug nach außen bewegt.
Um den Arbeitsweg des Umwerfers zu vergrößern, müssen Sie zuerst herausfinden, welche Anschlagschraube für die Begrenzung des Umwerfer-Arbeitsweges nach außen zuständig ist. Diese Schraube drehen Sie nun ein wenig hinein und überprüfen dann, wie weit der Umwerfer sich jetzt bewegt. Wenn Sie zu sehr an der Schraube drehen, wird der Arbeitsweg zu groß und die Kette springt schon wieder ab.
Nach meiner Erfahrung verstellt sich der Umwerfer weit seltener als das Schaltwerk. Das liegt daran, daß der Umwerfer weit weniger belastet wird; im Gegensatz dazu läuft die Kette hinten über die Führungsrädchen, die auf das Schaltwerk einen beständigen Zug ausüben. Außerdem schaltet man hinten weit häufiger, einfach deshalb, weil es dort mehr Gänge gibt.

Umwerfereinstellung in 3 Schritten

1 Passendes Werkzeug – je nach Umwerfermodell Inbusschlüssel, Schlitz- oder Kreuzschlitzschraubenzieher – nehmen.

2 Schraubenzieher oder -schlüssel an der Anschlagschraube ansetzen und zum Einstellen des Umwerferarbeitsweges drehen. Bei abgesprungener Kette mit Anschlagschraube den Arbeitsweg begrenzen; wenn die Kette nicht das äußere oder innere Kettenblatt erreicht, mit Anschlagschraube Arbeitsweg vergrößern.

3 Wenn der Umwerfer die Kette vom Kettenblatt drückt, sicherheitshalber Anschlagschraube zunächst weit hineindrehen und unter ständigem Probieren zurückdrehen. Wenn der Umwerfer die Kette nicht auf ein Kettenblatt drückt, vorsichtig verstellen, währenddessen ständig richtige Einstellung prüfen.

Umwerfer befestigen

Eine seltene, aber durchaus vorkommende Umwerferkrankheit liegt dann vor, wenn der gesamte Umwerfer sich auf dem Rahmenrohr bewegt, was zur Folge hat, daß der Umwerfer gänzlich wirkungslos ist. Wenn Sie ein Fahrrad haben, bei dem der Umwerfer auf einem am Rahmen festgelöteten Sockel sitzt (in diesem Fall wird er mit einer Schraube direkt am Rahmen befestigt), kann Ihnen das nicht passieren.

Aber bei fast allen Fahrrädern der gängigen Preiskategorien wird der Umwerfer mit einer ringförmigen Schelle am Rahmen befestigt. Diese schmiegt sich exakt um das Sattelrohr (das Rohr zwischen Tretlagergehäuse und Sattelstütze). Sie wird mit einer Schraube auf der linken Fahrradseite (von hinten betrachtet) befestigt. Wenn der Umwerfer einwandfrei befestigt ist, sollte aller Erfahrung nach die Schelle ewig an ihrem Platz bleiben. Sollte – denn infolge der Vibrationen und der Belastung, durch eventuelle Stürze oder auch nur aufgrund schlechter handwerklicher Ausführung, kann die Schelle sich durchaus lösen.

Wenn dies passiert ist, halten Sie unverzüglich an. Daß die Schelle sich gelockert hat, merken Sie daran, daß der Umwerfer das Sattelrohr hinunterrutscht oder sich zur Seite bewegt. Wenn Sie eines dieser beiden Anzeichen bemerken, überprüfen Sie den Sitz der Schelle mit der Hand. Wenn Sie auch nur ein leichtes Nachgeben auf Druck verspüren, hat die Schelle sich gelöst.

Nehmen Sie den T-Schlüssel oder den Inbusschlüssel (je nach Fabrikat unterschiedlich) aus Ihrem Bordwerkzeug. Weil der Schaltzug Spannung auf den Umwerfer ausübt, müssen Sie als erstes den Schaltzug vom Umwerfer lösen. Dazu drehen Sie die Klemmschraube am Umwerfer auf, mit der der Zug befestigt ist. Jetzt sollte der Umwerfer sich frei bewegen lassen, und es wird ohne die vom Umwerferzug ausgeübte Spannung viel einfacher sein, die Umwerferschelle exakt zu positionieren.

Jetzt kommt die nächste Frage: Wie positioniert man den Umwerfer richtig? Allerdings gibt es hierfür keine allgemeingültige Antwort – jedoch ein paar Richtlinien. Wenn Sie von der Seite auf den Umwerfer blicken, muß dessen unteres Ende (jedoch nicht das der Klammer) ein kleines Stück, zirka fünf Millimeter, über den Zahnrädern des Kettenblattes liegen. Beim Betrachten werden Sie feststel-

len, daß in fast allen Fällen die geschwungene Form des Umwerfers in etwa dieselbe ist wie die des großen Kettenblattes.
Als nächstes schauen Sie von oben auf den vorderen Umwerfer. Jetzt sehen Sie dessen beide Leitbleche, die links und rechts der Kette verlaufen. Bringen Sie jetzt den Umwerfer so in Stellung, daß die beiden Leitbleche mehr oder weniger parallel zur Kette verlaufen. Jetzt können Sie die Schraube anziehen und den Schaltzug wieder befestigen.
Bei manchen Umwerfertypen werden Sie feststellen, daß immer nur ein Leitblech parallel zur Kette verlaufen kann. Für diesen Umwerfertyp gibt es keine Einstellregel. Sie müssen durch Versuch und Irrtum herausfinden, wie der Umwerfer richtig sitzt. Wenn die Umwerfer-Leitbleche nicht parallel verlaufen, liegt der Grund üblicherweise darin, daß so eine möglichst große Zahl von Übersetzungsmöglichkeiten zwischen vorderem und hinterem Zahnkranz ermöglicht werden soll. Aber es gibt zumindest eine Möglichkeit, den richtigen Sitz dieser Art von Umwerfer zu überprüfen: Legen Sie die Kette auf das größtmögliche, innere Ritzel des hinteren Zahnkranzes und auf das größte, äußere Kettenblatt vorne. Ziehen Sie jetzt die Schraube an, mit der der Umwerfer am Rahmen befestigt ist, jedoch nicht ganz fest (der Umwerfer sollte einen festen Sitz haben, aber noch so locker befestigt sein, daß er bei starkem Druck noch von Hand verschoben werden kann). So erhalten Sie eine »über Kreuz«-Konstellation, die Sie beim Fahren möglichst vermeiden sollten (weil so die Kette übermäßig gedehnt wird und Umwerfer wie Schaltwerk zu starkem Verschleiß unterworfen sind), die aber Aufschluß über die richtige Umwerfereinstellung gibt. Drehen Sie die Kette einige Male (durch Treten oder Drehen der Pedale, während Sie mit der anderen Hand das Hinterrad frei in der Luft halten). Wenn Sie sehen oder hören, wie die Kette am Umwerfer schleift, bewegen Sie diesen so, daß die Kette gerade eben nicht mehr schleift – drücken Sie den Umwerfer dann aber nicht weiter. Ziehen Sie nun die Schraube an, mit der die Schelle des Umwerfers am Rahmen befestigt ist.
Als nächstes bringen Sie die Kette in die entgegengesetzte »über Kreuz«-Konstellation, so daß die Kette vom äußeren, kleinsten Ritzel des Zahnkranzes zum inneren, kleineren Kettenblatt vorne verläuft. Drehen Sie die Pedale nun einige Male durch, um festzustel-

len, ob die Kette am Umwerfer schleift. Ist dies nicht der Fall, stimmt die Einstellung des Umwerfers. Ziehen Sie die Schraube an, mit der der Umwerfer am Rahmen befestigt ist und fahren Sie weiter. Sollte die Kette dennoch schleifen, lösen Sie die Befestigungsschraube des Umwerfers ein wenig. Sehen Sie von oben auf den Umwerfer und drehen ihn ganz leicht zur Seite. Drehen Sie die Kette jetzt noch einmal durch. Wenn sie immer noch schleift, fahren Sie mit der Einstellungsprozedur fort, aber bewegen Sie den Umwerfer immer nur ganz leicht. Fahren Sie solange fort, bis Sie kein Schleifgeräusch mehr hören.
Jetzt ist es Zeit für den Härtetest aller Einstellarbeiten am Umwerfer: Bringen Sie die Kette auf das größte, innere Ritzel des Zahnkranzes und das äußere, größere Kettenblatt vorne. Drehen Sie die Pedale. Wenn Sie kein Schleifen von der Kette hören, heißt das »bestanden«. Ziehen Sie die Schraube an, mit der der Umwerfer am Rahmen befestigt ist, und fahren Sie weiter.
Aber wenn das schleifende Geräusch noch immer zu hören ist, dann haben Sie ein Montagsexemplar von einem Umwerfer erwischt, den man gar nicht so einstellen kann, daß er in keiner der beiden »über Kreuz«-Konstellationen schleift. Mein Rat lautet in solchen Fällen: Leben Sie damit. Solch extreme Übersetzungskonstellationen soll-

Umwerferbefestigung in 7 Schritten

1. T-Schlüssel aus dem Werkzeug nehmen.
2. Schaltzug am Umwerfer lösen.
3. Umwerfer so justieren, daß der tiefste Punkt zirka fünf Millimeter über den Zähnen des großen Kettenblattes liegt.
4. Umwerfer so ausrichten, daß die Leitbleche parallel zur Kette verlaufen.
5. Wenn nicht beide Leitbleche parallel zur Kette auszurichten sind, Kette in »über Kreuz«-Konstellation bringen (inneres Ritzel am Zahnkranz mit äußerem Kettenblatt vorne kombinieren, oder äußeres Ritzel des Zahnkranzes mit innerem Kettenblatt vorne kombinieren). Umwerfer so ausrichten, bis kein Schleifgeräusch mehr zu hören ist.
6. Umwerferschelle am Rahmen festschrauben.
7. Schaltzug wieder am Umwerfer befestigen.

ten Sie beim Fahren ohnedies vermeiden, und bei allen anderen Konstellationen zwischen Zahnkranz und Kettenblatt sollte kein Schleifen zu hören sein. In einem solchen Fall ist Ihr vorderer Umwerfer so gut wie möglich eingestellt.

Wie stellt man die Sattelstütze ein?

Die Sattelstütze sollten Sie nicht allzuoft einstellen müssen. Bei der Sattelstütze handelt es sich um das Metallrohr, das Sattel und Sattelrohr miteinander verbindet. Die Höhe der Sattelstütze muß genau und konsequent festgelegt werden, wenn Sie sich für eine Sitzhaltung auf Ihrem Fahrrad entscheiden. Viele halten eine genau dem jeweiligen Fahrer angepaßte Sattelstrebe für Unfug – aber sie täuschen sich. Tatsächlich nämlich ist die korrekte Sitzposition auf dem Fahrrad der wichtigste Einzelfaktor, der bestimmt, wie gut Sie mit Ihrem Fahrrad harmonieren.

Genauso ist es beim Laufen oder Skifahren – da müssen Sie auch den genau für Sie passenden Schuh finden und tragen. Beim Radfahren ist das nicht anders, das Fahrrad ist die Verlängerung Ihres Körpers. Die Wahl des richtigen Fahrrades ist wie eine kleine Hochzeit: Wenn Sie nicht zueinander passen, wird's nicht klappen. Wenn Sie darüber alles wissen wollen, empfehle ich Ihnen, sich mein Buch »Greg LeMonds Complete Book of Bicycling« zu besorgen und sich dann in einer spezialisierten Werkstatt das für Sie richtige Fahrrad anmessen zu lassen.

Laien sind oft überrascht von der Menge von Einstellungen, die an einem Fahrrad vorzunehmen sind. Die meisten wissen nur, daß es Unterschiede in Höhe und Größe gibt und daß die Sitzhöhe entsprechend eingestellt werden muß.

Aber das ist ja erst der erste Schritt. Die Länge des Fahrrades ist ebenso wichtig, ebenso die Lenkerbreite, die Länge der Kurbelarme und die Stellung der Schuhe auf den Pedalen.

All diese Einstell- und Anpassungsarbeiten sind ein ausgesprochen umfangreiches und schwieriges Gebiet, mit dem man sich ausführlicher befassen muß. Aber hier möchte ich Ihnen zunächst einmal ein paar grundlegende Tips zum Einstellen Ihrer Sattelstrebe geben:

1. Stellen Sie sich mit dünnen Socken, aber ohne Schuhe, auf einen

ebenen, aber harten Untergrund. Nehmen Sie ein dickes Buch und klemmen Sie es wie einen Fahrradsattel zwischen Ihre Beine. In Höhe der Buchoberkante machen Sie ein Zeichen an der Mauer oder Wand. Das so ermittelte Maß ist Ihre Schrittlänge.

2. Die Rahmengröße ermitteln Sie, indem Sie Ihre wie oben beschrieben gemessene Schrittlänge mit 0,65 multiplizieren. Wenn Ihre Schrittlänge beispielsweise 76,2 Zentimeter beträgt, sollten Sie einen Rahmen mit einer Höhe von 49,5 Zentimetern wählen. Achtung: Dies ist nur eine Faustformel. Wenn Sie einen überdurchschnittlich großen Körperrumpf oder besonders lange Beine im Verhältnis zu Ihrer Gesamtgröße haben, brauchen Sie dafür ein Rad mit einem speziellen Maß.

3. Nachdem Sie Ihre Rahmenhöhe bestimmt haben, stellen Sie die Sattelstütze passend zu Ihrer Körpergröße ein: Also den Abstand zwischen der Tretlagerachse und dem höchsten Punkt des Sattels. Zu diesem Maß kommen Sie, wenn Sie das Maß Ihrer Schrittlänge nehmen und es mit 0,88 multiplizieren. In dem oben genannten Beispiel, bei dem die Schrittlänge 76,2 Zentimeter betrug, wäre die Gesamthöhe nun 67,3 Zentimeter. Achtung: Dieses Maß bezieht sich auf den Abstand zwischen der Mitte der Tretachse und dem höchsten Sattelpunkt (gemeint ist das geschwungene Teil, auf dem Sie sitzen).

Nachdem Sie einmal Ihre richtige Sattelstützeneinstellung gefunden haben, sollten Sie dieses Maß immer berücksichtigen. Eine schlecht justierte Sattelstütze führt zu einer schlechten Haltung. Die wiederum schadet Ihren Leistungen und kann, wie auch ein Paar schlecht sitzender Laufschuhe, zu Verletzungen führen. Zwar verstellt sich eine einmal justierte Sattelstrebe nur selten, aber etwa bei einem Transport kann dies durchaus geschehen. Auch kann es passieren, daß Sie aus einem bestimmten Grund die Sattelstütze ausgebaut haben. Wenn Sie die exakte Position nicht markiert haben, verfügen Sie nur noch über eine vage Vorstellung von ihrem richtigen Sitz, den Sie zuvor ermittelt hatten. Abhilfe ist einfach: Wickeln Sie Klebeband (soliderer Qualitiät, wie etwa Lenkerband oder Isolierband) mehrere Male um die Linie, an der Sattelstütze und Sattelrohr miteinander abschließen. So bereitet es Ihnen keine Probleme, die Sattelstütze wieder in ihrer alten, richtigen Position zu montieren, wenn Sie sie zwischendurch ausgebaut haben.

Wenn Sie feststellen, daß Ihre Sattelstütze rutscht, kann die einzige Ursache eine gelockerte Sattelstrebenschraube sein – was nicht oft passiert. In 15 Jahren Fahrpraxis habe ich das nicht einmal erlebt. Aber eben weil dies so selten ist, hat eine solche Erscheinung Ihre besondere Aufmerksamkeit verdient. Wahrscheinlich ist dann das Gewinde der Schraube vermurkst. Um diesen Verdacht zu überprüfen, nehmen Sie den passenden Inbusschlüssel aus Ihrem Werkzeug (bei manchen Fahrrädern der unteren Preiskategorie finden Sie auch eine normale 12-Millimeter-Sechskantmutter). Ziehen Sie jetzt die Sattelstütze soweit heraus, bis sie wieder in der für Sie richtigen Position ist. Jetzt ziehen Sie die Schraube an. Wenn sie sich erst leicht, dann schwerer und dann wieder leicht drehen läßt, dann haben Sie eine Schraube mit einem vermurksten Gewinde. Jetzt können Sie gleich weiter zur nächsten Telefonzelle fahren. Wenn Sie die Schraube nicht mehr anziehen können, werden Sie nicht mehr im Sattel sitzen können, und im Stehen zu fahren, würde über die Distanz doch sehr anstrengend. Wenn aber die Schraube

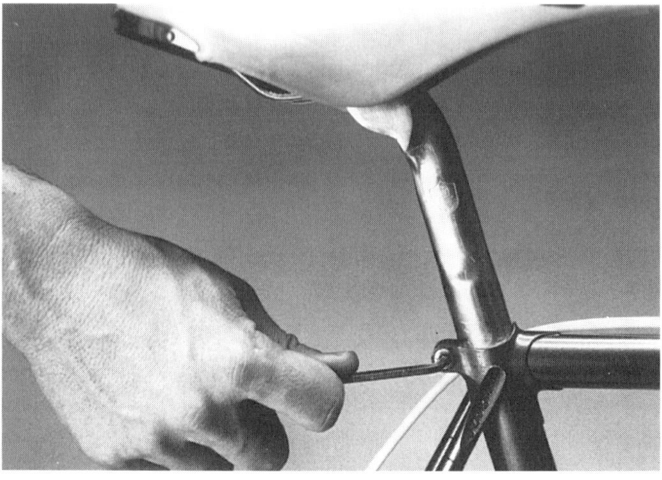

Anziehen der Sattelstützenschraube. Eine richtig eingestellte Sattelstütze ist einer der Schlüssel zur Freude beim Radfahren. Aber wenn die Sattelstütze Ihres Rades sich unterwegs lockert, prüfen Sie, ob die Schraube nicht vermurkst ist.

sich nach ein paar Umdrehungen mit dem Inbusschlüssel wieder festzieht, ist Ihre Sattelstützenschraube in Ordnung. Aber Sie sollten sich fragen, wie es kommt, daß die Schraube nicht angezogen war. Haben Sie in jüngster Zeit die Stütze herausgenommen und die Schraube beim Zusammenbau nicht fest genug angezogen? Hat jemand anderes Ihr Rad auseinandergenommen (zum Beispiel ein Mechaniker) und die Schraube nicht richtig angezogen?

Sattelstützeneinstellung in 3 Schritten

Zu Hause:

Sattelstütze an Schnittstelle mit Sattelrohr mit Klebeband umwickeln und so die richtige Einstellung markieren.

Unterwegs:

1 Inbusschlüssel aus der Werkzeugtasche nehmen.

2 Sattelstütze in der richtigen Höhe einstellen (nach Klebebandmarkierung).

3 a) Wenn das Schraubengewinde zerstört ist, dann zu Hause anrufen.

3 b) Wenn die Schraube in Ordnung ist, herausfinden, warum sie locker war.

Sattel einstellen

Der Sattel, auf dem Sie sitzen, ist über zwei horizontale Schienen unter dem Polster mit der Sattelstütze verbunden. Die beiden Schienen sind mit einer oder mehreren Schrauben an der Sattelstütze befestigt. Es kann passieren, daß der Sattel beginnt, sich zu lösen. Die durch häufigen Gebrauch entstehende Belastung reicht dazu aus. Wenn Sie den Sitz an der Sattelstütze festschrauben, dürfen Sie nicht aus den Augen verlieren, daß diese Einstellung Auswirkungen auf Ihre Sitzhaltung auf dem Fahrrad hat. Die beiden Schienen erlauben eine gewisse Bandbreite von Einstellmöglichkeiten, die Sie nutzen können, indem Sie nach dem Lösen der Schrauben den Sitz vor- und zurückschieben.

Mit Ihrem Sattel können Sie die ideale Tretposition sowie die ideale Körperhaltung auf dem Fahrrad einstellen. Eine genaue Erläuterung, wie diese beiden Einstellungen vorzunehmen sind, finden Sie

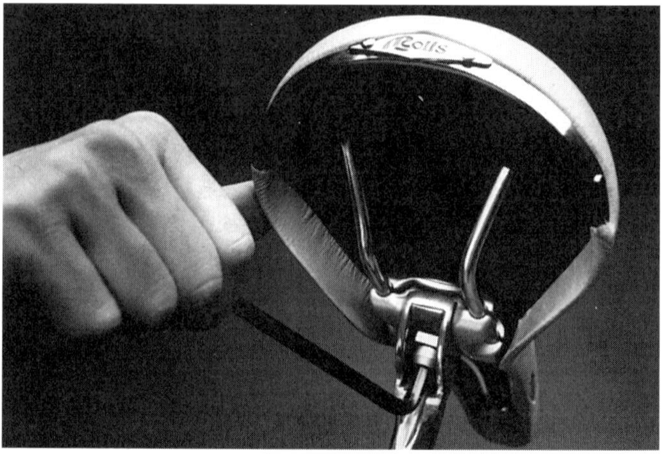

Einstellen des Sattels.

in »Greg LeMond's Complete Book of Bicycling«. Wenn Ihr Sattel sich gelockert hat, bringen Sie ihn so genau wie möglich in die ursprüngliche Position zurück. Dann ziehen Sie die Schrauben an, und verbinden somit Sattelstütze und Sattel miteinander.
An den meisten modernen Sattelstützen wird diese Schraube, die direkt unter dem Sattel liegt, mit einem Inbusschlüssel angezogen. Manche Sattelstützen haben zwei Schrauben, andere nur eine. An manchen älteren Modellen reicht ein ganz normaler Flachschlüssel zum Festziehen. Die alte »Nuovo Record«-Sattelstrebe von Campagnolo etwa hat eine Schraube direkt über der Sattelstrebe und eine über den Schienen des Sattels. Diese ist nur schwer zugänglich; wer sie anziehen will, braucht entweder viel Zeit und Geduld oder aber ein Spezialwerkzeug von Campagnolo.

Wie stellt man Lenker und Lenkervorbau ein?

In meinen Augen gibt es kaum etwas lästigeres als einen Lenker, der nicht exakt und mittig am Vorderrad ausgerichtet ist. Dies passiert eigentlich ziemlich häufig, etwa, nachdem Lenker und -vorbau vorübergehend demontiert waren, oder nach einem Sturz.

Wenn Sie den Eindruck haben, daß Ihr Lenker nicht genau mittig ist, läßt sich leicht Abhilfe schaffen. Auch wenn es sich so anfühlt, als wäre es der Lenker, der nicht richtig justiert ist, liegt das Problem meistens doch im Lenkervorbau. Nehmen Sie den passenden Inbusschlüssel aus Ihrem Werkzeug (bei manchen einfachen Rädern ist es eine schlichte Sechskantmutter) und lösen Sie die Schraube, die den Lenkervorbau im Rahmen festhält.
Jetzt nehmen Sie Ihr Fahrrad zwischen die Beine, schauen auf den Lenkervorbau und bringen diesen zurück in seine richtige Position. Richten Sie den Lenker so gerade wie möglich aus und ziehen Sie die Schraube an, die den Vorbau im Rahmen hält. Doch halt – ziehen Sie sie noch nicht ganz fest. Bei einem zweiten, prüfenden Blick stellen Sie vielleicht fest, daß Sie nicht richtig geschaut haben und daß der Vorbau doch noch nicht mittig ist. Weil Sie ihn aber noch nicht endgültig festgeschraubt haben, können Sie ihn jetzt noch durch kleine Schläge mit der Handfläche soweit ausrichten, bis Sie zufrieden sind. Jetzt ziehen Sie die Schraube ganz an und halten dabei den Vorbau gut fest.

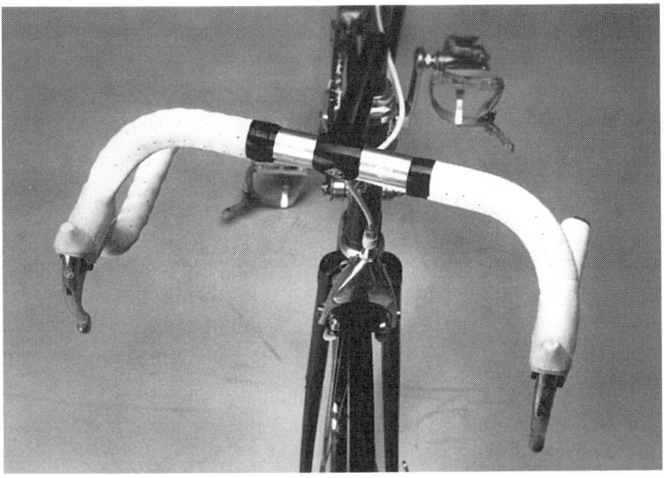

Mit einem schief montierten Lenker zu fahren, ist ärgerlich und gefährlich zugleich. Um das Problem zu kurieren, lösen Sie die Schraube des Lenkervorbaus mit einem 12-Millimeter-Inbusschlüssel.

Lenkerhöheneinstellung in 4 Schritten

1. Inbusschlüssel aus dem Werkzeug herausnehmen.
2. Lenkerschraube im Vorbau leicht lösen.
3. Lenkereinstellung von der Seite aus prüfen und so einstellen, daß die Lenkerenden parallel zum Boden verlaufen.
4. Lenkerschraube im Vorbau fest anziehen.

Lenkerhöhe einstellen

Eine wichtige Lenkereinstellung ist der Neigungswinkel. Manche Lenker sind schlecht ausgerichtet. Damit sie einwandfrei sitzen, müssen die flachen Lenkerenden parallel zum Boden ausgerichtet sein. Zu einem bestimmten Umfang ist dies allerdings eine Geschmacksfrage: Manche haben es lieber, wenn ihre Lenkerenden ein wenig nach unten zeigen, andere bestehen wiederum darauf, daß sie leicht nach oben zeigen.

Aber so lange Sie diesbezüglich noch keine Erfahrung gesammelt haben, welche Lenkerstellung für Sie die richtige ist, würde ich Ihnen raten, mit einer absolut horizontalen Stellung der Lenkerenden anzufangen. Wenn Sie später entdecken, daß eine leichte Abweichung (und ich betone: leicht) für Sie bequemer ist, können Sie dies später auch so einstellen.

Aber wenn Sie Ihre Lenkerenden so eingestellt haben, daß Sie nach unten zeigen und während einer langen Fahrt feststellen, daß Ihre Hände fortwährend abrutschen und Ihre Arme anfangen zu schmerzen, dann sollten Sie Ihren Lenker neu einstellen.

Dazu nehmen Sie aus Ihrem Werkzeug einen Inbusschlüssel (bei manchen Fahrrädern benötigen Sie dazu allerdings einen T-Schlüssel oder einen 12-Millimeter-Maulschlüssel). Die Schraube, die den Lenker hält, finden Sie am Lenkervorbau, üblicherweise vor und hinter der Stelle, an der der Lenker durch den Vorbau hindurchgeht. Um diese Schraube zu lösen, drehen Sie sie gegen den Uhrzeigersinn. Lösen Sie die Schraube nicht ganz, denn wenn Sie dies tun, wird der Lenker haltlos hin- und herpendeln. Das aber würde es Ihnen erschweren, gleichzeitig den Lenker in der gewünschten Position zu fixieren und die Halteschraube anzuziehen. Es erleich-

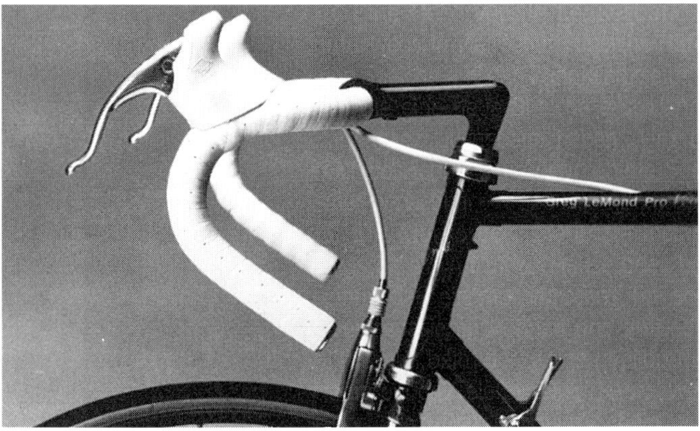

Beispiel für einen schlecht eingestellten Lenker. Achten Sie darauf, daß die Griffenden deutlich angewinkelt sind. Auch wenn viele Radsportler mit dieser Einstellung fahren, halte ich diese Position für unbequem und sogar gefährlich.

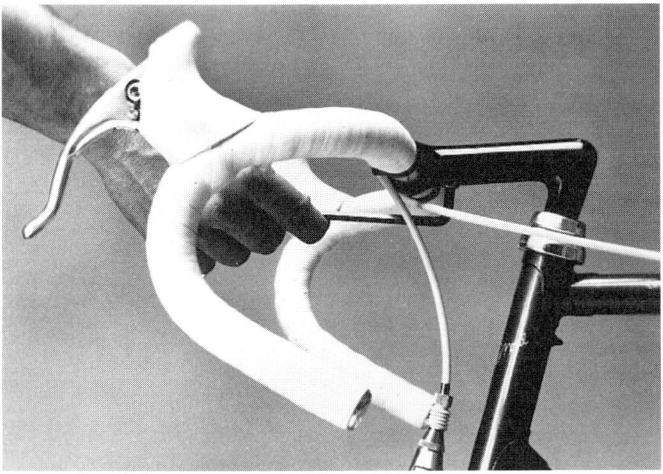

Um den Lenker neu einzustellen, nehmen Sie (zumindest bei einem Großteil der guten Räder) einen 12-Millimeter-Inbusschlüssel und lösen die Lenkerschraube im Vorbau.

Richtig eingestellter Lenker mit praktisch parallel zum Boden verlaufenden Lenkerenden.

tert Ihnen die Arbeit wesentlich, wenn Sie die Halteschraube nur soweit lösen, daß Sie den Lenker im Vorbau drehen können.
Stellen Sie den Lenker nun so ein, daß die flachen Lenkerenden parallel zum Boden verlaufen. Sie überprüfen das am besten, indem Sie das Rad von der Seite aus betrachten. Wenn Sie zufrieden sind, ziehen Sie die Halteschraube des Lenkers im Vorbau an. Die Schraube muß so fest wie möglich angezogen werden, denn beim Fahren üben Sie sehr viel Druck auf diese Verbindung aus. Wenn die Schraube sich ein wenig gelockert hat, könnte der Lenker oder die Schraube brechen, was zur Folge hätte, daß Sie ziemlich deftig mit dem Asphalt in Berührung kommen.

Lenkerhöheneinstellung in 4 Schritten

1. Inbusschlüssel aus dem Werkzeug herausnehmen.
2. Lenkerschraube im Vorbau leicht lösen.
3. Lenkereinstellung von der Seite aus prüfen und so einstellen, daß die Lenkerenden parallel zum Boden verlaufen.
4. Lenkerschraube im Vorbau fest anziehen.

Was kann man tun, wenn die Rennhaken sich gelöst haben?

Einige von Ihnen werden noch mit Rennhaken fahren, auch wenn immer mehr Radsportler auf die riemenlosen Pedale umsteigen, die von der französischen Firma Look herausgebracht worden und seitdem von zumindest einem Dutzend Firmen kopiert worden sind. Bei diesen Pedalen wird der spezielle Schuh über einen Einrastmechanismus direkt mit den Pedalen verbunden, der sich bei seitlicher Belastung öffnet. Doch noch immer fahren die meisten Radsportler mit Rennhaken (dem Metallgestell um Ihren Schuh herum) und den dazugehörigen Lederriemchen, die den Fuß innerhalb der Rennhaken an seinem Platz halten. Diese Art, den Fuß des Radfahrers direkt mit den Pedalen zu verbinden, ist eine althergebrachte Methode, die schon im letzten Jahrhundert Verwendung fand. Seither hat sie sich im wesentlichen nicht verändert. Und das genau ist der Grund dafür, daß man einige Probleme damit haben kann.
Die Rennhaken sind nie fester Bestandteil der Pedale, sondern werden mit ihnen verschraubt. Manche Rennhaken sind so gebaut, daß Schrauben und Muttern direkt am Pedal gesichert sind und so auch dann verläßlich das Riemchen halten, wenn die Schraube sich gelockert hat. Aber bei vielen Modellen können die unterwegs ent-

Rennhaken werden mit ein paar Schrauben und Muttern befestigt, die sich durch die Beanspruchungen des Fahrens lockern können.

stehenden Kräfte und Vibrationen mit der Zeit die Schrauben lockern und, wenn man dies nicht rechtzeitig bemerkt, unterwegs herausfallen, so daß der Rennhaken nur noch locker an Pedalen und Fuß sitzt. Um dem vorzubeugen, rate ich Ihnen, vor Fahrtantritt die Schrauben zu überprüfen. Wenn Sie unterwegs sind und spüren, wie ein Rennhaken sich gelockert hat, halten Sie an und holen Sie aus Ihrem Werkzeug den T-Schlüssel heraus. Die meisten Rennhaken werden mit 8-Millimeter-Schrauben gesichert. Ziehen Sie sie so fest wie möglich an. Möglicherweise werden Sie dabei feststellen, daß die Mutter sich mitdreht. Im Idealfall haben Sie einen 8-Millimeter-Schlüssel dabei, der flach genug ist, um in den kleinen Zwischenraum zwischen Pedalkörper und Mutter zu passen. In der eingangs zusammengestellten Liste von Bordwerkzeug habe ich diesen Schlüssel nicht aufgeführt, weil er wertvollen Platz wegnimmt und selten gebraucht wird. Wenn sich an Ihrem Rad die Hakenschrauben chronisch lösen, empfehle ich Ihnen, ein paar Fächer-Scheiben zu kaufen, die die Schrauben sicher und fest halten werden (oder im schlimmsten Fall Ihnen erlauben, die Mutter festzuziehen, ohne die Schraube gegenhalten zu müssen).

Rennhakenbefestigung in 3 Schritten

1. Steckschlüssel aus dem Werkzeug nehmen.
2. Hakenschraube am Pedal anziehen.
3. Bei sich mitdrehender Mutter Fächer-Scheiben unterlegen.

Wie hält man die Räder in Form?

Das empfindlichste Bauteil Ihres Fahrrades ist das Laufrad. Anders als die soliden Bauteile Ihres Fahrrades wird das Laufrad aus einer kleinen, aber stabilen Nabe und einem Aluminium- oder Stahlring zusammengesetzt, der Felge. Die Verbindung zwischen beiden ist die Speiche, ein millimeterdicker Stahldraht, den jedes fünfjährige Kind bequem mit der Hand biegen kann. Diese Speichen müssen sowohl Ihr Körpergewicht als auch die beim Fahren entstehenden Kräfte aufnehmen. An Fahrrädern findet man zwischen 20 und 40 Speichen, 32 oder 36 sind jedoch die gebräuchlichsten Speichen-

zahlen. Sie werden in einer komplizierten, genau festgelegten Weise zusammengefügt, wobei bei den meisten Kombinationen jede Speiche sich mit drei oder vier weiteren Speichen kreuzt. Sehen Sie sich Ihr Vorderrad genau an. Nehmen Sie eine beliebige Speiche dort, wo sie aus der Felge herausragt. Fahren Sie nun mit Zeigefinger und Daumen die Speiche bis zu der Stelle entlang, wo sie sich mit der ersten weiteren Speiche kreuzt (dies ist üblicherweise auf halber Höhe der Speiche). Überspringen Sie diese Schnittstelle und fahren Sie weiter an der Speiche entlang, bis Sie zur Nabe kommen. Wenn Ihre Speiche sich unterwegs insgesamt mit drei weiteren gekreuzt hat, dann wissen Sie, daß jede Speiche Ihres Rades dreifach gekreuzt ist. Dieses System ist die Ursache dafür, daß das Rad so stabil und dennoch so bemerkenswert leicht und elastisch ist.
Aber leider sind Speichen auch ein heikles Thema. Nur zu leicht verlieren sie ihre Spannung und lockern sich. Dies gilt vor allem für das Hinterrad, das viel mehr Kräfte aufzunehmen hat. Wenn sich eine oder mehrere Speichen lösen, ist das Rad nicht mehr richtig zentriert (das heißt, daß es nicht mehr rund läuft, ohne links oder rechts aus der Spur zu geraten, die der Felgenrand vorgibt). Um zu prüfen, ob Ihre Räder richtig zentriert sind, schauen Sie von oben dort auf das Vorderrad, wo auch die vordere Bremszange sitzt. Nehmen Sie nun das Vorderrad und drehen Sie es einige Male frei durch. Betrachten Sie dabei den Abstand zwischen Bremsgummi und Felge: Wenn das Rad sauber durchläuft, ohne anzustoßen, dann ist Ihr Rad richtig zentriert. Wenn Sie aber sehen, daß das Rad sich an einer oder mehreren bestimmten Stellen leicht zur Seite dreht, dann hat die Felge einen Schlag: das Vorderrad ist nicht zentriert.
Hat die Felge einen starken Seitenschlag, dann kann sie am Bremsgummi schleifen. Sie sollten Ihre Räder zu Hause zentrieren, bevor Sie losfahren. Wenn ein Rad wirklich arg nach rechts oder links schwankt, dann müssen Sie es zum Zentrieren in die Werkstatt geben.
Wenn Sie unterwegs feststellen, daß ein Rad einen leichten Seitenschlag hat, dann müssen Sie nicht zwingend anhalten, um es wieder zu zentrieren – dies ist kein dringendes Problem. Wenn aber die Felge an einem Bremsgummi schleift, dann sollten Sie den Speichenschlüssel aus Ihrem Werkzeug hervorholen. Halten Sie das Rad

so lange hoch und drehen Sie es langsam, bis Sie herausgefunden haben, welche Stelle des Rades einen Schlag hat.
Um ein Rad zu zentrieren, müssen Sie die Speichen richtig einstellen. Aber denken Sie dabei daran, daß die Zentrierung eines Rades ein Ergebnis der richtigen Spannung aller Speichen des Rades ist, nicht etwa einer einzigen. Das bedeutet im Klartext: Wenn Sie eine Speiche zu fest anziehen, verderben Sie damit sehr wahrscheinlich das Gleichgewicht zwischen der Spannung aller Speichen. Darüber hinaus kann es sogar geschehen, daß durch das zu starke Anziehen einer Speiche das Rad nicht nur einen Seiten-, sondern auch einen Höhenschlag bekommt: Dann beschreibt der Felgenumfang auch keinen genauen Kreis mehr.
Geben Sie acht, daß Sie nicht eine Speiche festziehen, wenn eigentlich die benachbarte Speiche, die neben der gegenüberliegenden Speiche an der Radnabe sitzt, gelockert werden müßte.
Vor allen Dingen aber ist das Zentrieren eines Rades eine Sache, für die man viel Gefühl und Erfahrung benötigt. Wahrscheinlich wird es Ihnen unterwegs gelingen, das Rad schnell wieder zu zentrieren. Genauso wahrscheinlich jedoch werden Sie das Rad nicht hundertprozentig genau zentriert bekommen. Aber Sie können das Rad noch immer in die Werkstatt bringen und dort vollständig und richtig zentrieren lassen.
Eine andere Panne, die Ihnen unterwegs passieren kann, ist eine gebrochene Speiche. Speichenbrüche sind ein heikles Thema, aber keinesfalls selten. Glücklicherweise kann man fast immer weiterfahren, selbst wenn eine oder zwei Speichen gebrochen sind. Ein Laufrad eines Fahrrades mit einer gebrochenen Speiche können Sie sich ähnlich vorstellen wie eines dieser Reserve-Noträder, zu denen die Autohersteller zusehends übergehen.
Wenn an Ihrem Rad eine Speiche bricht, müssen Sie die beiden Teile der gebrochenen Speiche entweder entfernen oder sichern. Meistens brechen die Speichen in Nabennähe, dort, wo sie am stärksten belastet werden. Im Falle einer im Vorderrad gebrochenen Speiche nehmen Sie zuerst das Rad aus der Gabel heraus. Dann nehmen Sie die untere Hälfte der gebrochenen Speiche, indem Sie sie durch ihr Sicherungsloch in der Radnabe ziehen. Um die obere Hälfte der gebrochenen Speiche, die noch in der Felge sitzt, entfernen zu können, müßten Sie den Reifen und/oder den Schlauch abziehen. Weil

das aber unterwegs nicht immer so einfach ist, können Sie jetzt das Lenker- oder Isolierband aus Ihrem Werkzeugset nehmen, das wir eingangs des Buches zusammengestellt haben. Kleben Sie mit dem Band den Rest der gebrochenen Speiche an die benachbarte, intakte Speiche, so daß sie nicht mit den übrigen Speichen in Kontakt kommt. So können Sie sicher nach Hause fahren und die gebrochene Speiche bei der nächsten Gelegenheit durch eine neue ersetzen. Wenn eine Speiche im Hinterrad bricht (was wesentlich wahrscheinlicher ist), können Sie möglicherweise nicht einmal die Speichenhälfte auf der Nabenseite entfernen: wenn sie auf der Seite sitzt, auf der sich auch der Zahnkranz befindet. In diesem Fall kleben Sie untere wie obere Speichenhälfte an die jeweils benachbarten, intakten Speichen. Wenn die gebrochene Speiche nicht auf der Zahnkranz-Seite sitzt, dann können Sie in denselben Schritten verfahren wie zuvor beim Vorderrad.

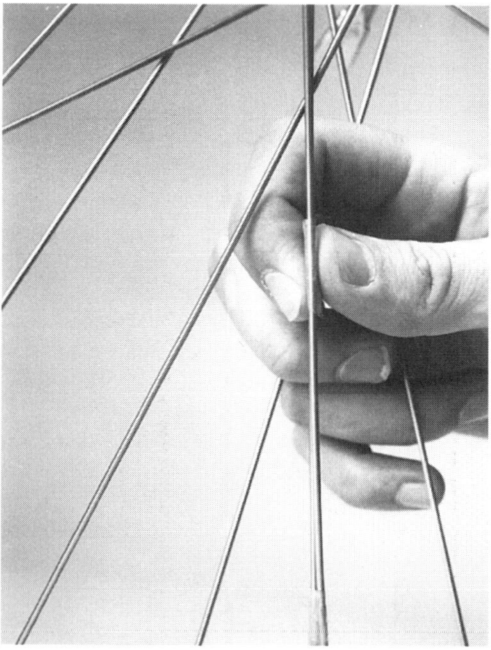

Wenn eine Speiche gebrochen ist, kleben Sie sie mit einem Stückchen Lenkerband aus Ihrem Werkzeugsatz an der benachbarten Speiche fest.

Speichenspannen in 3 Schritten

1 Speichenschlüssel aus dem Werkzeug hervorholen.

2 Durch Drehen und Beobachten des Rades an den Bremsgummis herausfinden, welche Stelle für die Unwucht verantwortlich ist.

3 Speiche anziehen oder lockern, so daß das Rad spurgetreu und rund läuft (die Spannung sollte bei allen Speichen so gleich wie möglich sein).

Zusammenfassung

Die vorhergehenden Abschnitte sollen als Hilfestellung dienen, um das Rad unterwegs reparieren zu können, wenn es nötig ist. Ich habe nicht jede erdenkliche Reparatur beschrieben und auch nicht jede erdenkliche Form der jeweiligen Reparatur. Aber ich glaube, daß die grundsätzlichen Erklärungen auf fast alle möglichen Vorkommnisse zutreffen und Ihnen dabei helfen werden, Ihr Fahrrad flottzumachen, so daß Sie weiterfahren können. Aber viele der beschriebenen Defekte können vermieden werden, wenn man sein Fahrrad sorgfältig pflegt und wartet. Womit wir zum zweiten Teil des Buches kommen, der eben dieser edlen Kunst gewidmet sein soll.

Rennradpflege und -wartung

Wie jede andere Maschine braucht auch Ihr Fahrrad eine sorgfältige Pflege und von Zeit zu Zeit auch eine Reparatur. Einige Arbeiten sollten einmal pro Woche erledigt werden, bei anderen reicht es, sich einmal im Jahr daranzubegeben. Glücklicherweise ist das Fahrrad grundsätzlich eine einfache Maschine – und leicht in Schuß zu halten. Die meisten Fahrradfahrer lernen schnell, die einfachsten Wartungs- und Reparaturarbeiten vorzunehmen. Es gibt aber Reparaturen, die eine gehörige Portion Geschick und Erfahrung verlangen, und manche Arbeiten am Fahrrad überläßt der Amateur

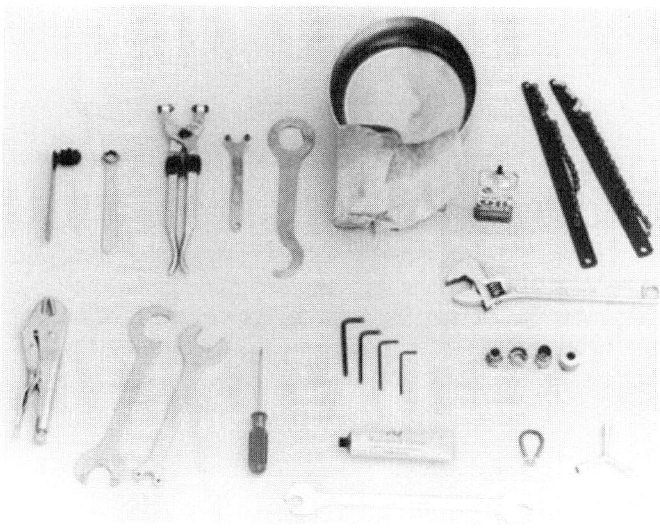

Fangen Sie mit dem richtigen Werkzeug an. Vollständiges Werkzeug ist der Schlüssel zur erfolgreichen Fahrradwartung. Von links oben im Uhrzeigersinn: Kurbelarmabzieher, Kurbelarmschrauben-Schlüssel, Seitenschneider, Lagerschalenschlüssel, Tretlagerschalenabzieher, Reinigungsmittel-Behältnis mit Siebeinsatz, 3-in-1-Öl, zwei Ritzelabnehmer, Schlüssel mit variabler Maulweite, verschiedene Schrauben, T-Schlüssel, Speichenschlüssel, Reifenkleber, mehrere Inbusschlüssel, Schraubenzieher, Lenkkopfschlüssel, Hakenschlüssel, Gripzange.

am besten gleich seiner Werkstatt. Während der Saison kümmere ich mich nur sehr wenig um die Reparatur meiner Fahrräder. Seit ich Radprofi bin, und auch schon davor, habe ich mich immer auf hauptberufliche Mechaniker verlassen, die meine Räder fit hielten. Aber natürlich erledige ich all die grundlegenden Wartungsarbeiten selbst, wenn ich ohne mein Team bin – zum Beispiel im Winter.

Aber ich glaube, daß die besten Ratschläge in Sachen Fahrradwartung von einem wahren Meister seines Fachs, einem echten Profi, kommen müssen. Deswegen habe ich Roland della Santa, seines Zeichens Rennmechaniker, gebeten, mir ein paar Tips für dieses Kapitel meines Buches zu geben. Roland war damals einer der ersten, die auf mich aufmerksam wurden. Später wurde er mein erster Sponsor und baute Fahrräder für mich. 1985 war er der offizielle Teammechaniker des Red Zinger Teams bei dem Coors-Classic-Rennen, das ich damals gewann. Roland ist ein wirklich professioneller Konstrukteur, Rahmenbauer und Mechaniker.

Ich möchte mich an dieser Stelle gar nicht mit so komplexen Themen wie Rahmenbau, Rahmenreparatur oder Rahmenlackierung befassen. Dafür braucht man sehr spezielle Fertigkeiten und auch Spezialwerkzeug. Wenn Sie sich selbst ein Fahrrad bauen wollen, werden Sie dies nie durch ein Buch lernen können – da können Sie nur bei einem wirklichen Rahmenbauer in die Lehre gehen. Aber seien Sie sich im klaren darüber, daß Sie dafür schon ein paar Jährchen investieren müssen. Die Kunst des Rahmenbaus kann man nur über Jahre hinweg lernen. Außerdem müßten Sie erst einmal ein paar tausend Mark ausgeben, um die nötige Ausrüstung zu kaufen. Ein ebenso großer Betrag käme für Rohre, Muffen und weitere nötige Spezialteile zusammen. Wenn Sie den Rahmen Ihres Fahrrades lackieren lassen wollen, gehen Sie am besten zu einem professionellen Fahrradmechaniker, Rahmenbauer oder Lackierer, bei dem Sie wahrscheinlich einen dreistelligen Betrag zahlen werden, der Ihnen dafür aber auch eine erstklassige Arbeit liefert, an der Sie so schnell nicht die Freude verlieren. Es gibt zwar Bücher, in denen – zum Teil sehr kompliziert – beschrieben wird, wie man sein Fahrrad selbst lackieren kann, aber in meinen Augen lohnt sich der Aufwand nicht. Sie brauchen eine spezielle Ausrüstung – und die Chancen, daß Sie eine professionelle Lackierung hinbekommen, stehen nur dann leidlich gut, wenn Sie ein wirklich geübter Lackierer sind.

Das Reparieren eines Rahmens mag aussehen wie die einfachste aller Rahmenbaukünste, aber der Eindruck täuscht. Wenn sie durch Ungeschick oder einen Sturz eine Delle im Fahrradrahmen haben, versuchen Sie nicht, sie selbst wieder auszubeulen. Bringen Sie den Rahmen besser zu einem Fachmann. Ihnen kann es schnell passieren, daß das Material ermüdet oder daß der Rahmen bricht. Dann kommt Sie die Reparatur noch teurer zu stehen – wenn Sie sich nicht gleich einen ganz neuen Rahmen kaufen müssen.
Jeder, der sein Fahrrad richtig warten will, braucht dafür die richtigen Werkzeuge. Ohne das richtige Werkzeug können Sie nicht einmal die einfachsten Reparaturen selbst durchführen. Selbst, wenn Sie gar nicht vorhaben, besonders viele Reparaturen selbst vorzunehmen, brauchen Sie das passende Werkzeug, und sei es nur ein Schraubenzieher für eine klitzekleine Einstellarbeit.
Welches und wieviel Werkzeug Sie benötigen, das müssen Sie für sich selbst entscheiden. Aber es gibt ein paar Dinge, die in keiner Werkstatt fehlen dürfen. Als allererstes brauchen Sie einen Fahrradständer. Dieser wird das Herz Ihrer Werkstatt werden. Natürlich können Sie dafür viel Geld ausgeben, aber zumindest für den Anfang genügt auch ein einfacher, preisgünstiger Ständer, der jeweils ein Rad in der Luft hält. So ein Ständer ist billig und leicht, manchmal paßt er sogar in eine Werkzeugkiste. Wenn Sie einen Ständer haben, in dem Sie Ihr Fahrrad drehen können, während Sie daran arbeiten, kommen Sie schon in deutlich höhere Preisregionen.
Was Sie mit Sicherheit benötigen werden, ist ein für Ihr Fahrrad geeigneter Flachschlüsselsatz. Die Schrauben an den meisten Fahrrädern haben zwischen acht und zwölf Millimeter große Köpfe. Es gibt verschiedene Sorten von Schlüsseln. Am naheliegendsten wäre ein Schlüssel mit variabler Maulweite. Diese Schlüssel sind zumeist auch sehr stabil und bieten den größten Hebelarm. Aber wenn Sie mehrere Größen benötigen, kann er sehr unpraktisch sein. Außerdem können Sie einen solchen Schlüssel an manchen Stellen gar nicht ansetzen. Wenn Sie die Vorteile eines solchen Schlüssels mit der besseren Handhabung eines anderen Schlüssels kombinieren möchten, nehmen Sie einen Steckschlüsselsatz, auch »Ratsche« oder »Knarre« genannt: Hierzu gehören ein Hebelarm und eine Reihe von Sechskantaufsätzen, »Nuß« genannt. Der Hebelarm hat an der Stelle, wo Sie die Nuß aufsetzen, eine Art Freilauf, so daß Sie

beim Anziehen oder Lösen einer Schraube nicht absetzen müssen. Sie können auch einen Kombi-Schlüssel kaufen. So ein Schlüssel – es gibt verschiedene Formen vom »Knochen« bis zum T-Schlüssel – ist normalerweise sehr viel leichter und hat zumindest drei verschiedene Schlüsselweiten: acht, neun und zehn Millimeter. Vor allem unterwegs ist so ein Instrument sehr praktisch, weil man es in die Tasche stecken kann. Ein Kombischlüssel mit bis zu acht verschiedenen Schlüsselweiten in einem Werkzeug kann ebenfalls sehr nützlich sein, vor allem, wenn Sie unterwegs keine schweren Sachen mitnehmen wollen. Wenn Sie ein relativ neues Fahrrad haben, wird dieses über zahlreiche Inbus-Schraubenverbindungen verfügen. Inbusschrauben finden vor allem an folgenden Stellen Verwendung: Sie halten Kurbelstern und Kettenblatt zusammen, Sattelstütze und Lenkervorbau im Rahmen sowie das Schaltwerk am Rahmenausfallende. Bei vielen japanischen Fahrrädern sind Inbusschrauben Standard. Wenn an Ihrem Fahrrad keine Inbusschrauben Verwendung finden, kaufen Sie welche im Fahrrad- oder Eisenwarenhandel; sie sind einfach in der Handhabung und nicht teuer. Wenn Sie Probleme damit haben, den ganzen Satz beieinanderzuhalten, kaufen Sie einen Satz, der durch einen Draht oder Ring zusammengehalten wird.
Sie brauchen weiterhin einen speziellen Pedalschlüssel, um die Pedale abschrauben zu können. Üblicherweise haben diese Schlüssel eine Maulweite zwischen 13 und 16 Millimetern. Das heißt, daß Sie hier auch mit fast jedem beliebigen Flachschlüssel in der passenden Größe arbeiten können. Es gibt billige Exemplare, die sich aber verbiegen werden, wenn Sie erst einmal versuchen, sehr festsitzende Pedale loszuschrauben (Pedale sitzen meistens sehr fest) und die Pedale ruinieren. Manche Pedale sind über Inbusschrauben am Kurbelarm befestigt, so daß man keine Pedalschlüssel benötigt. An den meisten Bremsen-Modellen können Sie auch Konus-Schlüssel verwenden. Diese flachen Schlüssel werden gebraucht, um die Bremsen zu justieren, wenn sie an den Bremsgummis schleifen. Sie brauchen einen kleinen Seitenschneider für Bremskabel und Schaltzüge. Ein weiteres wichtiges Werkzeug ist der Freilaufabnehmer. Freilaufabnehmer gibt es in verschiedenen Formen und Größen je nach Typ des an Ihrem Fahrrad verwendeten Freilaufs. Ihr Fahrradhändler wird Ihnen das richtige Modell empfehlen.

Zusätzlich gibt es eine Reihe kleinerer, billigerer Werkzeuge, die Sie ebenfalls brauchen werden. Einen Speichenschlüssel zum Beispiel, um zu Hause die Speichen zu spannen oder ein Rad zu zentrieren.
Ein Kettennietdrücker (Kettentrenner) ist wichtig, um die Kette abzunehmen, was von Zeit zu Zeit nötig ist.
Je nach Art des von Ihnen verwendeten Kurbeltriebes brauchen Sie vielleicht einen Kurbelarmabzieher, um den Kurbeltrieb demontieren zu können, wenn Sie das Kugellager reinigen und fetten wollen. Bei vielen Umwerfern und Schaltwerken wird ein kleiner Schraubenzieher zum Einstellen des Arbeitsweges benötigt.
Sie können weitere Werkzeuge kaufen, wenn Sie mit Ihrem Fahrrad vertrauter geworden sind. Wenn Sie zum Beispiel kein spezielles, gekapseltes Lenkkopflager haben, müssen Sie dieses alle 25 000 Kilometer überholen. Sie können die Lenkkopfmutter zwar auch mit einem einstellbaren Schlüssel lösen, aber der kann leicht abrutschen und Ihren Lenkkopf beschädigen. Ein eigens dafür gebauter Lenkkopfschlüssel ist zwar teuer, aber auch besser.
Wenn Sie Ihr Tretlager überholen wollen (was nötig ist, wenn Sie kein Fahrrad mit einem gekapselten Tretlager haben), brauchen Sie ebenfalls einen speziellen Abzieher. Dabei handelt es sich normalerweise um ein großes Werkzeug, dessen Handhabung einige Erfahrung voraussetzt. Das gleiche gilt, wenn Sie Ihren Steuersatz *auseinandernehmen* wollen. Auch dafür gibt es ein sehr großes und teures Spezialwerkzeug. Wenn Sie bei Ihren Wartungsarbeiten an einem Punkt angelangt sind, an dem Sie teures Werkzeug benötigen, haben Sie vielleicht das Glück, daß ein Fahrradgeschäft in Ihrer Nähe Werkzeuge an seine Kunden ausleiht. Das ist dann zumeist ein Kundendienst, der umsonst ist. Es gibt aber auch Selbsthilfewerkstätten, in denen Sie unter Anleitung mit dem richtigen Werkzeug an Ihrem Fahrrad arbeiten können.
Ein Wort noch zur Vorsicht: Wenn eine Reparatur kompliziert wird und Sie Überblick oder Geduld verlieren, lassen Sie Ihren Ärger nicht am Fahrrad aus. Wenn Sie drauflosschrauben oder etwas mit Gewalt versuchen, können Sie damit einen Schaden anrichten, der Sie teuer zu stehen kommen wird. Bringen Sie in so einem Fall das Fahrrad in eine Fachwerkstatt. Das mag vielleicht teurer sein, als hätten Sie selbst repariert, aber in jedem Fall ist es billiger, als ein neues Fahrrad zu kaufen.

Wartung des Antriebsstranges

Beginnen wir unsere Arbeit mit der Wartung des Antriebsstranges. An diesem sollten alle Komponenten sauber eingestellt sein. Wegen der Vielzahl der beweglichen Teile muß der Antriebsstrang regelmäßig gewartet werden.

Tretlager

Zunächst überprüfen Sie die Einstellung der Tretlagerachse, indem Sie die Kurbelarme mit dem Abzieher demontieren. Lösen Sie die Schraube, die Kurbelarm und Tretachse verbindet und ziehen Sie die Kurbelarme ab.

Jetzt drehen Sie die Tretachse mit der Hand durch. Wenn sie hundertprozentig richtig eingestellt ist, sollten Sie sie einfach und rund drehen können, auch wenn es an manchen Stellen etwas schwerer gehen mag. Als nächstes nehmen Sie die Achse an beiden Enden und drücken sie vor und zurück. Auch hier sollten Sie nicht das kleinste Spiel feststellen können.

Wenn die Achse sich nur schwer über manche Widerstände hinweg drehen läßt, ist das Lager zu straff eingestellt. Das kann zu vorzeitigem Verschleiß, aber auch zu Lagerschäden führen. Wenn Sie jedoch ein leichtes Spiel der Tretachse feststellen, dann ist das Lager nicht stramm genug eingestellt und Sie laufen Gefahr, daß die Tretachse bricht.

Um das Tretlager richtig einzustellen, brauchen Sie einen speziell auf Ihr Modell zugeschnittenen Tretlager-Abzieher. Die Lagerschale auf der Seite, auf der sich an Ihrem Rad die Kette befindet, ist nicht einstellbar. Auf der anderen Seite jedoch läßt sie sich einstellen, üblicherweise mit einem speziellen Schlüssel mit zwei Stiften, die in die Lagerschale eingreifen. Zum Festziehen drehen Sie den Schlüssel im Uhrzeigersinn, um das Lager zu lockern, drehen Sie gegen den Uhrzeigersinn.

Die Tretlagerachse sollte so eingestellt sein, daß sie sich spielfrei drehen läßt, aber so, daß beim Drehen keine Widerstände auftreten. Wenn die Achse auch nur das geringste Spiel hat, kann sie brechen. Wenn Sie die Einstellung gefunden haben, an der die Achse weder zu straff noch zu locker sitzt, drehen Sie den Schlüssel um weitere fünf (von 360 möglichen) Grad.

Wenn Sie kein gekapseltes Tretlager haben, müssen Sie Ihres alle 25 000 Kilometer überholen. Wenn Sie unregelmäßig und selten fahren, sollten Sie dem Tretlager einmal jährlich eine Generalüberholung angedeihen lassen. Dazu nehmen Sie zunächst einmal die Kette so beiseite, daß sie Ihnen nicht im Weg sein kann. Um sie abziehen zu können, nehmen Sie den Kettentrenner und drücken das Niet heraus. Jetzt entfernen Sie die Kurbelarme, wie oben beschrieben, unter Zuhilfenahme des Abziehers.

Nachdem Sie die Kurbelarme demontiert haben, nehmen Sie nun die Lagerschale auf der der Kette gegenüberliegenden Seite. Dazu nehmen Sie einfach den passenden Schlüssel und drehen die Lagerschale vorsichtig heraus. Wenn das geschehen ist, können Sie die Tretachse herausnehmen. Sie können die Achse reinigen, indem Sie sie in ein Reinigungsmittel tauchen; das Innere des Tretlagers reinigen Sie am besten mit einem in das Reinigungsmittel getauchten Lappen. (Die Lagerschale auf der anderen, der Kettenseite, brauchen Sie üblicherweise nicht herauszunehmen. Nur dann, wenn Sie den kompletten Kurbeltrieb erneuern möchten, müssen Sie diese Lagerschale herausnehmen und eine neue einsetzen. Dazu benötigen Sie ein großes, unhandliches Werkzeug, das man Tretlagerschalenabzieher nennt und mit dem man nicht ohne Übung umgehen kann. Fragen Sie Ihren Händler, vielleicht hilft er Ihnen dabei.)

Wenn Sie das Lager auf der dem Kettenrand entgegengesetzten Seite öffnen, werden Sie darin eine Reihe kleiner Kugeln entdecken. Normalerweise werden sie von einem Kugelring gehalten. An anderen Modellen wiederum sind sie einzeln. Sobald Sie das Lager geöffnet haben, legen Sie das Rad vorsichtig auf den Boden. Dabei zeigt die geöffnete Lagerseite nach unten. Jetzt sollte die Achse herausfallen. (In den meisten Fällen wird ein Schutzring aus Kunststoff den Mittelteil der Achse umschließen, der Staubring.) Als nächstes bewegen Sie das Fahrrad so, daß Kugelring und Kugeln herauskommen.

Jetzt können Sie alles zusammen mit einem starken Reinigungsmittel behandeln. In Fahrrad- oder Autozubehörgeschäften finden Sie spezielle, entfettende Reinigungsmittel. Nachdem Sie Lager, Achse und Lagerschale darin gereinigt haben, nehmen Sie all diese Teile, spülen sie gründlich mit Wasser und trocknen sie ab. Wenn Lager und Lagerschale nicht gereinigt werden, wird der verbleibende

dünne Film des Reinigungsmittels an ihrer Oberfläche das Fett angreifen.
Jetzt nehmen Sie die Kugellager und tauchen sie großzügig in weißes Lithium-Fahrradfett, das Sie in allen Fahrradfachgeschäften

Abbauen der Kurbelarme. Nehmen Sie die Staubkappen (wenn vorhanden) ab. Dazu brauchen Sie normalerweise einen 8-Millimeter-Schlüssel.

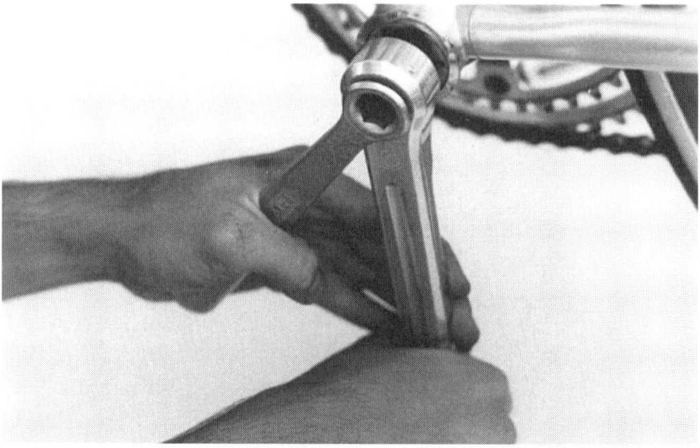

Lösen Sie die Kurbelarmschraube mit dem dafür vorgesehenen Spezialschlüssel.

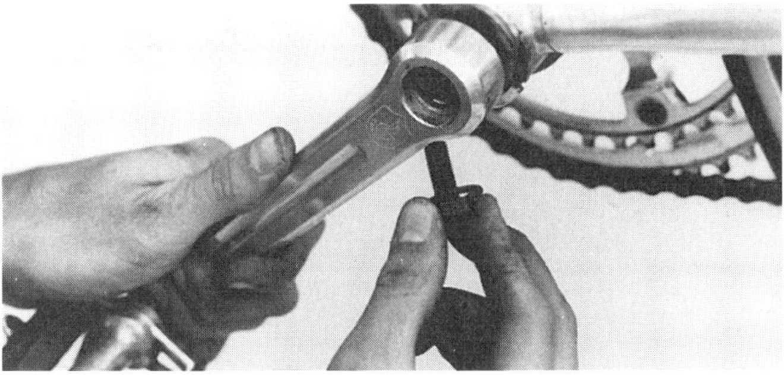

Nach dem Herausnehmen der Kurbelarmschraube sitzt der Kurbelarm noch immer fest an seinem Platz.

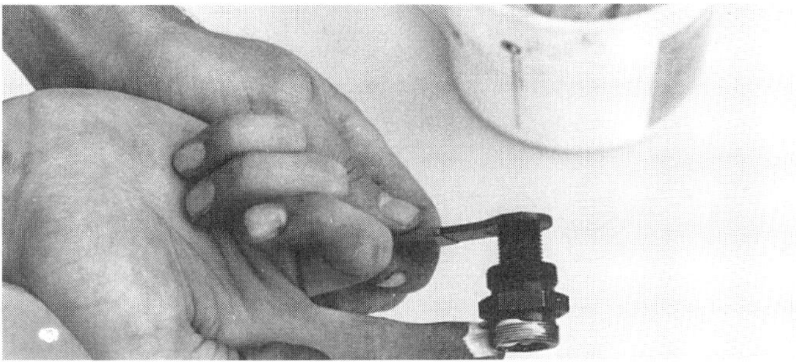

Zum Abziehen der Kurbelarme verwenden Sie einen speziellen Kurbelarmabzieher. Fetten Sie diesen ein, bevor Sie ihn ansetzen.

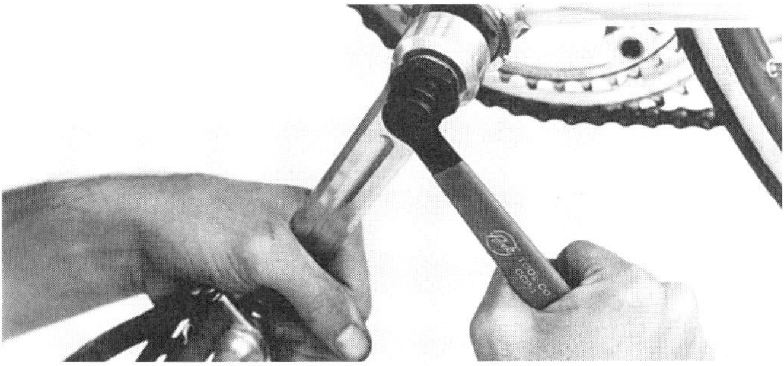

Setzen Sie den Abzieher an und drehen Sie ihn langsam.

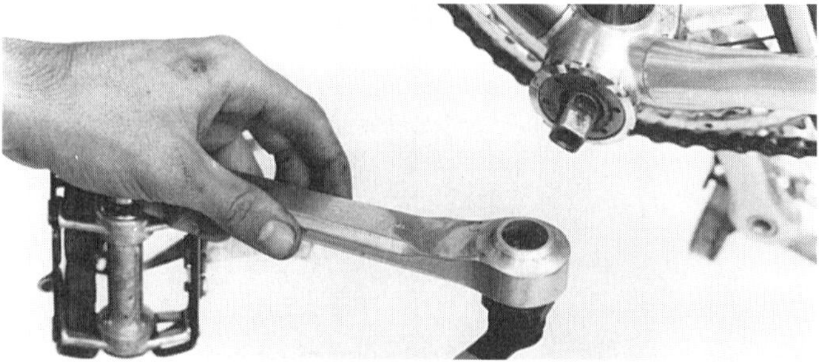

Beim Drehen werden Sie einen Widerstand spüren. Drehen Sie so lange, bis der Kurbelarm sich von der Tretachse löst. Dann nehmen Sie vorsichtig den Abzieher wieder ab.

Um die Tretachse auszubauen, setzen Sie den Spezialschlüssel an der einstellbaren Lagerschale (auf der der Kette gegenüberliegenden Seite) an. Nachdem Sie die Abschlußmutter gelöst haben, legen Sie sie beiseite.

Nach dem Abnehmen der Abschlußmutter setzen Sie den Lagerschalenschlüssel an und drehen die Lagerschale heraus.

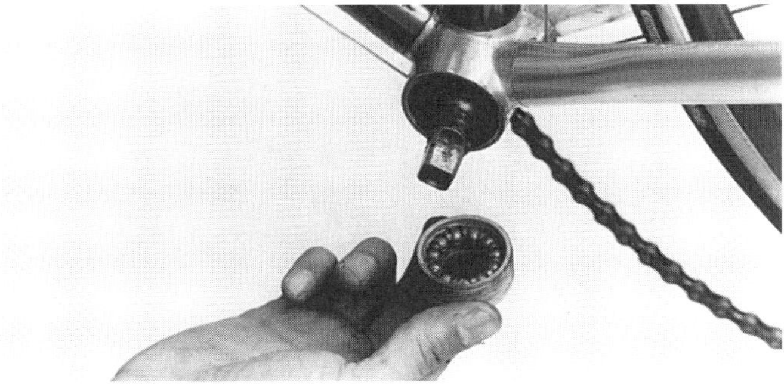

Nach dem Abnehmen der Lagerschale sehen Sie den Kugelring.

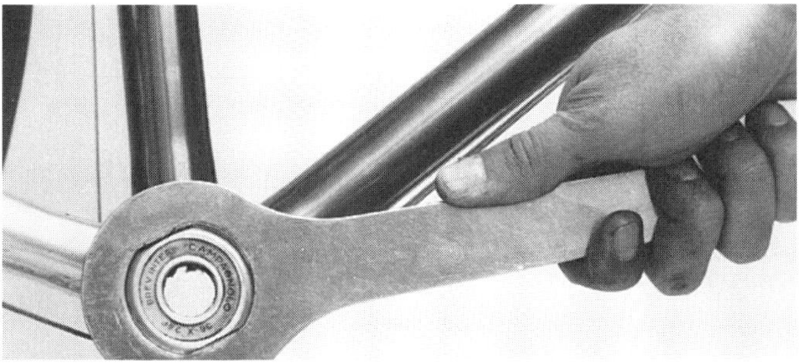

Vielleicht möchten Sie die nicht einstellbare Lagerschale ausbauen, doch dies ist nicht notwendig. Dazu brauchen Sie einen speziellen Schlüssel.

Die meisten Tretlager haben zum Schutz eine Staubkappe. Legen Sie diese in Reinigungsmittel.

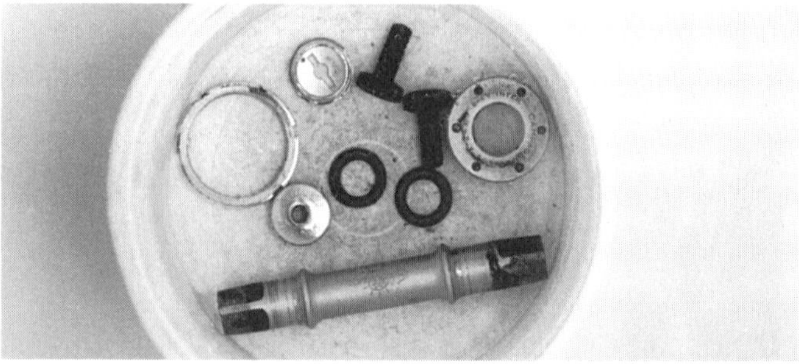

Reinigen Sie alle Tretlager-Bauteile gründlich und spülen Sie sie anschließend gut ab.

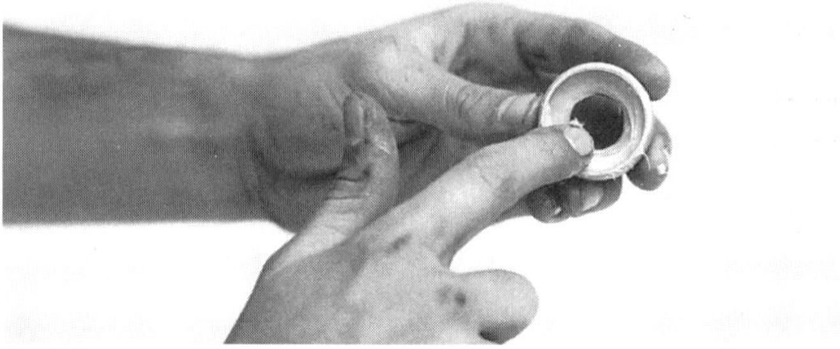

Bestreichen Sie das Innere der Lagerschale vor dem Wiedereinbau gründlich mit Fett.

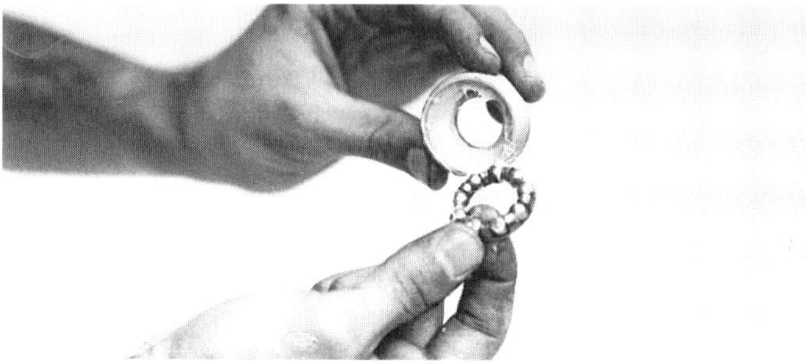

Fetten Sie auch den Kugelring leicht ein und legen Sie ihn in die Lagerschale.

erhalten. Achten Sie darauf, daß auch das Innere der Lagerschalen ebenso großzügig mit ebendiesem Fett versorgt wird. Nehmen Sie reichlich von dem Fett, aber seien Sie nicht verschwenderisch – benutzen Sie es mit Verstand. Bevor Sie die Teile wieder einbauen, nehmen Sie einen Lappen mit Reinigungsmittel und reinigen damit das Innere des Tretlagergehäuses selbst. Benutzen Sie einen Stock von angemessener Größe, um auch die Ecken erreichen zu können. Auch das Gewinde im Tretlagergehäuse, in das die vordere Lagerschale hineingeschraubt wird, sollten Sie sorgfältig reinigen. Nehmen Sie dazu den Lappen und wischen Sie damit an den Gewindegängen entlang. Reinigen Sie ebenso die Gewindegänge der Lagerschale.
Um die passenden Kugellager wieder in die hintere Lagerschale einzusetzen, legen Sie sie um die Achse. Die Öffnungen des Kugelringes müssen dabei in Richtung der hinteren Lagerschale zeigen. Jetzt führen Sie die Achse vorsichtig in das Tretlagergehäuse ein. Wenn an Ihrem Fahrrad lose Kugeln Verwendung finden, legen Sie das Fahrrad auf die Seite und die Kügelchen einzeln in die hintere Lagerschale. Die Kügelchen selbst können Sie mit einer Schraubenzieherspitze mit Fett an den ihnen zugedachten Platz bringen.
Nehmen Sie nun das zweite Kugellager und legen Sie es in die vordere Lagerschale, die Sie sorgfältig in das Tretlagergehäuse schrauben. Passen Sie dabei gut darauf auf, daß das Kugellager zwischen Achse und hinterer Lagerschale noch an der richtigen Stelle sitzt. Sobald alles wieder an seinem Platz ist, ziehen Sie die Kontermutter der einstellbaren Lagerschale wie oben beschrieben so fest, daß Sie kein Spiel, aber auch keinen Widerstand beim Durchdrehen spüren.

Kurbelstern

Ihr Kurbelstern wird im Regelfall keine besondere Wartung benötigen. Reinigen Sie ihn von Zeit zu Zeit mit Seifenwasser und einer großen, weichen Bürste. Achten Sie dabei darauf, auch den Schmutz um die Pedale herum zu entfernen, ebenso hinter dem Kettenblatt, wo der Kurbelarm am Tretlagergehäuse auf der Achse sitzt.
Etwa alle 2000 Kilometer sollten Sie Ihren Kurbelstern gründlich reinigen. Dazu nehmen Sie am besten dasselbe Reinigungsmittel, mit dem Sie auch schon beim Reinigen des Tretlagers gute Erfah-

rungen gemacht haben. Idealerweise lösen Sie die Verbindungsschrauben zwischen Kurbelstern und Kettenblatt und reinigen auch dieses bis ins kleinste Eck. Die Zähne des Kettenblattes können Sie auch mit einer harten Bürste reinigen, die Sie in das Reinigungsmittel tauchen. (Achten Sie darauf, daß Sie keine der Inbusschrauben oder Muttern verlieren, die Kurbelstern und Kettenblatt verbinden – sicherheitshalber legen Sie sie in einem kleinen Behältnis beiseite.)
Wenn Sie das Kettenblatt wieder auf den Kurbelstern schrauben, ziehen Sie die Schrauben über Kreuz und nach und nach an. Machen Sie nicht den Fehler, erst eine Schraube festzuziehen und dann die nächste. Drehen Sie alle Schrauben erst mit der Hand fest, dann diagonal mit dem passenden Schlüssel.

Pedale

Wenn sie den Kurbeltrieb überholen, sollten Sie sich bei der Gelegenheit auch gleich um die Pedale kümmern. Um die Pedale abzunehmen, benutzen Sie einen Flach- oder Konusschlüssel, oder, wenn Ihr Fahrrad eine solche Ausstattung hat, einen Inbusschlüssel für die Innensechskantschrauben am Kurbelstern hinter dem Kurbelarm.
Reinigen Sie die Gewindegänge des Kurbelarmes dort, wo die Pedale eingeschraubt werden, mit der Hand, ebenso das Gewinde an den Pedalachsen. Sie sollten Ihre Pedale alle 25000 Kilometer überholen. Wenn Sie selten fahren, überholen Sie sie zumindest einmal jährlich. Wenn Sie viel bei schlechtem Wetter unterwegs sind, ist es angeraten, die Pedalpflege häufiger zu betreiben.
Die meisten Pedale auf dem Markt haben gekapselte Lager. Wenn dies an Ihrem Rad der Fall ist, können Sie die über die Reinigung hinausgehende Pedalpflege vergessen. Um die Pedale zu überholen, schrauben Sie sie wie oben beschrieben vom Kurbelarm ab.
Sobald die Pedale gelöst sind, entfernen Sie als erstes die Staubkappe an der Außenseite der Pedale. Das können Sie mit einem kleinen Schraubenzieher erledigen – die Staubkappe muß sich leicht lösen lassen, wenn sie zuvor richtig angebracht worden war.
Wenn Sie die Staubkappe abnehmen, werden Sie eine Mutter entdecken. Um diese zu lösen, fixieren Sie die Pedalachse entweder mit einer passenden Zange oder, indem Sie einen Schlüssel neben den Gewindegängen zwischen Pedale und Kurbelarm ansetzen. Wenn Sie

eine Zange verwenden, achten Sie darauf, daß Sie sie immer neben, nie aber auf den Gewindegängen ansetzen. Die Außenseite der Pedale sollte nach oben zeigen, wenn Sie sie auseinandernehmen.
Wenn die Achse fixiert ist, nehmen Sie einen kleinen Schlüssel oder einen speziellen Pedalschlüssel und lösen Sie die Mutter. Entfernen Sie Mutter und Unterlegscheibe – dazu benötigen Sie möglicherweise einen kleinen Schraubenzieher – und legen beide sicher beiseite in ein separates Behältnis.
Nachdem Sie die Unterlegscheibe weggenommen haben, können Sie das Kugellager sehen. Um die Kugeln herauszubekommen, nehmen Sie ein kleines Behältnis und halten es unter die Pedale, die Sie

Abschrauben der Pedale: Setzen Sie den Spezialschlüssel zwischen Pedalachse und Kurbelarm an und drehen Sie ihn im Uhrzeigersinn. Sehen Sie sich genau an, wie man die Pedale auf der anderen Seite sicher festhält, damit das Tretlager sich nicht mitdrehen kann.

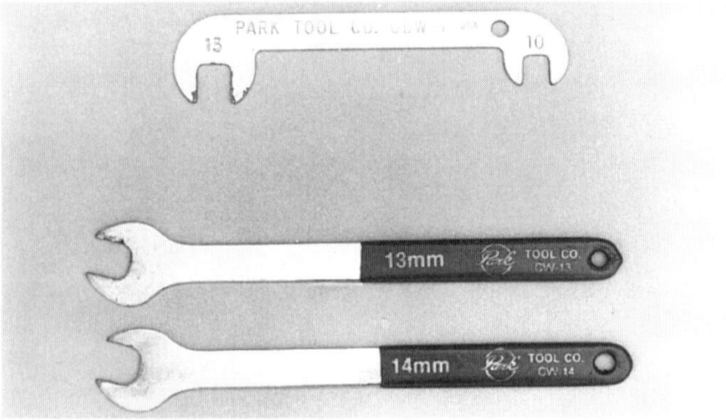

Verschiedene Flachschlüssel-Typen. Diese kann man für Pedale und Bremsen verwenden. Normalerweise sind die Pedalschlüssel etwas länger, um Ihnen einen besseren Hebelarm zu bieten.

dabei langsam drehen. Die Kügelchen werden dann in das Behältnis hineinfallen. Versichern Sie sich, daß Sie die Achse fest im Griff haben, lassen Sie sie nicht los. Manchmal passiert es, daß die Kügelchen in der Pedale steckenbleiben. Nehmen Sie einen kleinen Schraubenzieher oder eine Pinzette, um sie zu entfernen.

Nachdem Sie die Kügelchen aus der ersten Pedale entfernt haben, zählen Sie sie durch, damit Sie genau wissen, wie viele es sind. Um die Kügelchen auch auf der anderen Seite der Pedale herauszubekommen, nehmen Sie einen zweiten kleinen Auffangbehälter. Ziehen Sie die Pedale in die andere Richtung und nehmen Sie die Achse heraus. Die Kügelchen werden gleich mitkommen. Kügelchen, die in der Pedale bleiben, holen Sie mit einer Pinzette oder einem kleinen Schraubenzieher heraus.

Behandeln Sie nun alle Teile mit Ihrem Reinigungsmittel. Nehmen sie eine harte Bürste, um den groben Schmutz zu entfernen. Wenn die Kügelchen alt und verschlissen sind, kaufen Sie neue. Achten Sie aber darauf, daß die neuen Kugeln dieselbe Größe haben. Am sichersten gehen Sie, wenn Sie eines der alten Kügelchen zum Kauf der neuen mitnehmen.

Nachdem Sie alles gründlich gereinigt und gespült haben, können Sie die Pedale wieder zusammensetzen. Als erstes bestreichen Sie

die Kügelchen beziehungsweise die Kugelringe mit weißem Lithium-Fahrradfett. Bestreichen Sie auch den Teil der Pedale, der das Kugellager aufnimmt, großzügig mit diesem Fett. Verwenden Sie lieber zuviel als zuwenig Fett.
Nehmen Sie zuerst das Kugellager der Innenseite und fügen Sie es wieder an seinem alten Platz ein. Wenn die Kügelchen von einem Ring gesichert werden, sollte das nicht allzu schwierig sein, zumal das Fett die Ringe an ihrem Platz hält. Wenn Sie einzelne Kügelchen haben, kippen Sie die Pedale ganz leicht, so daß die Außenseite etwas tiefer als die Innenseite ist. Das Fett hält die Kügelchen sicher an ihrem Platz. Sobald Sie die Kügelchen auf der Innenseite wieder eingesetzt haben, setzen Sie nun auch die Achse ein und schieben Sie sie gleich bis zum Anschlag durch. Dann nehmen Sie das äußere Kugellager und setzen dieses ein – was viel einfacher gehen sollte als auf der Innenseite.
Jetzt können Sie die Mutter wieder mit der Hand anziehen. Wenn Sie sie mit der Hand nicht weiterdrehen können, nehmen Sie den Schlüssel und ziehen Sie sie soweit an, bis Sie kein Spiel, aber auch keinen Widerstand beim Drehen mehr fühlen. Eine gute Faustregel besagt, daß man die Schraube gerade über den Punkt hinaus anziehen sollte, an dem man kein Spiel mehr fühlt und dann um eine Achtelumdrehung löst. Und als Schlußstrich nehmen Sie die Staubkappe und drehen Sie mit der Hand fest in ihr Gewinde.

Umwerfer

Der Umwerfer ist ein sehr einfaches Bauteil, das im Regelfall kaum über die einfachste Wartung hinausgehende Aufmerksamkeit verlangt. Das am häufigsten auftretende Problem beim Umwerfer besteht in nicht richtig justierten Anschlagschrauben, die seinen Arbeitsweg von links nach rechts begrenzen. Wenn dies der Fall ist, kann die Kette zu weit und somit vom Kettenblatt heruntergedrückt werden. Wenn der Arbeitsweg zu knapp bemessen ist, kann es passieren, daß die Kette sich nicht von einem Kettenblatt auf das andere bewegen läßt.
Weil diese Anschlagschrauben sich unter der beim Fahren auftretenden Belastung verstellen können, ist es sinnvoll, die Schrauben jederzeit – also auch unterwegs – justieren zu können.

Um die Anschlagschrauben des Umwerfers einstellen zu können, benötigen Sie bei den meisten Schaltungstypen einen kleinen Schraubenzieher (bei anderen Typen sind die Anschlagschrauben auch kleine Inbusschrauben). An den meisten Modellen begrenzt die dem Rahmen am nächsten liegende Anschlagschraube den Arbeitsweg des Umwerfers nach außen, also zum großen Kettenblatt hin. Entsprechend begrenzt die nach außen zeigende Anschlagschraube den Arbeitsweg des Umwerfers nach innen, also zum kleinen Kettenblatt hin. Untersuchen Sie den Umwerfer an Ihrem Fahrrad genau darauf, welche Anschlagschraube den Arbeitsweg zur jeweiligen Seite hin begrenzt. Dies können Sie tun, indem Sie den entsprechenden Schalthebel vor- und zurückbewegen und genau zusehen, wie der Umwerferarm an den Schrauben anschlägt.
Ein anderes, häufiger auftretendes Umwerferproblem hat mit dem Schaltzug zwischen Umwerfer und Schalthebel zu tun, der seine Spannung durch Längung verlieren kann. Wenn das der Fall ist, lösen Sie die Schraube, die den Zug hält – üblicherweise eine 8-Millimeter-Schraube – und ziehen Sie den Schaltzug mit Ihren Fingern stramm. Dann ziehen Sie die Schraube wieder an. Wenn das nicht klappt, brauchen Sie eine Gripzange. Greifen Sie mit der Zange das Ende des Schaltzuges knapp hinter der Umwerferschraube und ziehen Sie es stramm. Dann ziehen Sie die Schraube wieder an. Achtung: Wenn Sie eine Gripzange verwenden, schützen Sie den Zug dort, wo Sie mit der Zange ansetzen, mit einem Handtuch oder einem anderen dicken Lappen. Sie können sonst den Zug zerstören, so daß Sie einen neuen kaufen müssen.
Wenn der Umwerfer an Ihrem Fahrrad nicht richtig am Rahmenrohr befestigt ist (und deswegen die Kette nicht einwandfrei auf die Kettenblätter wirft), dann müssen Sie ihn versetzen. An den meisten Modellen wird der Umwerfer von einer großen Schelle am Rahmen gehalten. Die Schraube, die diese Schelle hält, befindet sich üblicherweise am Sattelrohr auf der der Kette gegenüberliegenden Seite. Lösen Sie die Schelle mit einem passenden Schlüssel. An bestimmten Fahrradmodellen sitzt der Umwerfer auf einem angelöteten Sockel. In diesem Fall haben Sie keine Möglichkeit, die Umwerferposition zu verändern. Mit großer Sicherheit wurde der Sockel von der Herstellerfirma angelötet, um so die richtige Umwerferposition festzulegen.

Um den Umwerfer in der richtigen Position am Rahmen zu befestigen, schieben Sie ihn so auf dem Sattelrohr zurecht, daß der eigentliche Umwerferarm etwa fünf Millimeter oberhalb der Zähne des größeren Kettenblattes sitzt. Achten Sie darauf, daß der Umwerfer richtig eingestellt ist: Seine Leitbleche müssen parallel zum Kettenrad verlaufen, wenn Sie von oben einen prüfenden Blick darauf werfen. Ziehen Sie jetzt die Schellenschraube fest. Jetzt ist der Umwerfer in der richtigen Position montiert.
Wenn Sie auf ein größeres oder kleineres Kettenblatt umrüsten, müssen Sie natürlich auch die Stellung des Umwerfers dementsprechend verändern. Dies ist natürlich nur dann möglich, wenn der

Einstellen der Umwerfer-Anschlagschraube. Mit den beiden Anschlagschrauben begrenzen Sie den Arbeitsweg des Umwerfers. Eine Schraube begrenzt den Weg nach innen, die andere den nach außen. Wenn Ihr Umwerfer die Kette beim Schalten »abwirft«, müssen Sie ihn mit einer der beiden Anschlagschrauben einstellen.

Umwerfer an Ihrem Rad nicht auf einem angelöteten Sockel sitzt. Wenn Sie das neue Kettenblatt angebaut haben, verfahren Sie einfach wie oben beschrieben.
Auch den Umwerfer müssen Sie reinigen. Diese Reinigung nehmen Sie am besten alle paar hundert Kilometer vor. Dazu waschen Sie ihn mit warmen Seifenwasser und bürsten ihn mit einer großen, weichen Bürste ab.

Schaltwerk

Das Schaltwerk ist wesentlich komplizierter als sein vorderes Gegenstück, der Umwerfer. Es ist als Parallelogrammodell aufgebaut. Durch seine Bewegung wird die Kette von Ritzel zu Ritzel befördert. Zu diesem Zweck läuft die Kette über zwei Rädchen, von denen eines die Kette führt und das andere die Kette spannt. Ein Schaltwerk besteht aus etwa 20 beweglichen Teilen.
Wie beim Umwerfer müssen Sie auch hier sichergehen, daß die Anschlagschrauben richtig eingestellt sind. Wenn dies nicht der Fall ist, kann die Kette über die Ritzel des Zahnkranzes hinaus (sofern die Anschlagschrauben einen zu großen Arbeitsweg erlauben) rutschen oder (wenn die Anschlagschrauben den Arbeitsweg zu sehr begrenzen) nicht auf das größte oder kleinste Ritzel geworfen werden.
Nehmen Sie einen kleinen Schraubenzieher oder einen handelsüblichen Inbusschlüssel, je nachdem, welchen Schlüssel Sie zum Einstellen der Schrauben benötigen. Weil es von Modell zu Modell Unterschiede gibt, müssen Sie herausfinden, welche der beiden Anschlagschrauben – die obere oder die untere – die Bewegung des Schaltwerks nach außen oder innen begrenzt. Üblicherweise ist dies auf dem Schaltwerk selbst mit einem H (wie high, oben) oder eine L (wie low, unten) angegeben.
Wenn an Ihrem Rad die Kette hinter den Zahnkranz fällt, stellen Sie die Anschlagschraube ein, die den Arbeitsweg des Schaltwerks in diese Richtung begrenzt. Drehen Sie die Schraube um eine halbe Umdrehung und prüfen Sie nun das Schaltwerk. Wenn die Kette noch immer über das größte Ritzel hinausrutscht, drehen Sie die Schraube um eine weitere Viertelumdrehung. Wenn die Kette nun nicht mehr auf das größte Ritzel springen kann, dann haben Sie die Anschlagschraube zu weit gedreht. Drehen Sie sie ein wenig zurück,

Einstellen der Schaltwerk-Anschlagschrauben. Diese arbeiten genauso wie die des Umwerfers und begrenzen so den Arbeitsweg nach innen und außen. Nach dem Einstellen sollten Sie zur Probe einmal durchschalten.

so daß die Kette leicht auf das größte Ritzel springen kann, aber nicht darüber hinausrutscht.

Wenn die Kette vom kleinsten Zahnrad (das zu Ihnen zeigende, wenn Sie vor dem Rad stehen) herunterrutscht und zwischen Zahnkranz und Rahmen fällt, stellen Sie die andere Anschlagschraube Ihres Schaltwerks in derselben Weise ein. Wenn Sie die Anschlagschrauben des Schaltwerks richtig eingestellt haben, sollte die Kette frei und leicht von einem Ritzel zum nächsten springen können, ohne dabei in Richtung Hinterrad oder Rahmen vom Zahnkranz zu fallen. Ich würde Ihnen daher empfehlen, auch bei Ausfahrten immer einen kleinen Schraubenzieher dabei zu haben: Den können Sie gut gebrauchen, wenn Sie unterwegs feststellen, daß Umwerfer oder Schaltwerk sich verstellt haben.

Das Schaltwerk wird durch eine Schraube an einem Rahmenausfallende gehalten. Bei manchen älteren Fahrrädern geschieht dies durch ein stärkeres Formblech oder eine Schelle am Rahmen, an der seinerseits das Schaltwerk befestigt ist.

Die Wartung des Schaltwerks ist eine klare Sache. Reinigen Sie es mit einer großen, weichen Bürste in Seifenwasser. Dies sollten Sie alle paar hundert Kilometer tun. Nach etwa 25000 Kilometern kön-

nen Führungs- und Spannungsrädchen verschlissen sein. Wenn dies der Fall ist, bauen Sie zwei neue Rädchen ein. Um die alten Rädchen auszubauen, lösen Sie die Schraube, die die Rädchen im Führungskäfig halten, und nehmen Rädchen und Buchsen heraus. Um die neuen Rädchen einzusetzen, verfahren Sie genau umgekehrt.
Wie beim Umwerfer kann sich der Schaltzug auch zwischen Schaltwerk und Schalthebel mit der Zeit längen. Um ihn wieder zu straffen, lösen Sie einfach die Klemmschraube am Schaltwerk und ziehen Sie mit den Fingern den Zug straff. Denken Sie aber auch hier unbedingt daran, das Zugende mit einem dicken Stofflappen davor zu bewahren, zerquetscht zu werden.
Wenn Sie schon einmal das Schaltwerk abgenommen haben, sollten Sie die Gelegenheit nutzen, die Zughülle zu überprüfen, die den Zug vom hinteren Umwerfer zu einer angelöteten Öse am Kettensteg führt. Wenn Sie ein neues Fahrrad haben, müssen Sie den Zug kaum fetten. Aber wenn Ihr Rad schon ein paar tausend Kilometer hinter sich hat, nehmen Sie die Hülle und sprühen Sie WD 40 (ein handelsübliches Synthetik-Gleitmittel, das widerstandsfähiger als Öl ist) hinein oder ein vergleichbares Teflonspray.
Wenn Sie mit dem Rad stürzen und auf die Schaltungsseite fallen, prüfen Sie immer, ob das Schaltwerk beschädigt worden ist. Weil dieses Bauteil das am weitesten herausragende ist, wird es bei einem Sturz oder Umfaller am ehesten in Mitleidenschaft gezogen. Wenn der Schaden die Funktion beeinträchtigt, kaufen Sie ein neues Schaltwerk – die meisten Modelle sind gar nicht so teuer. Schaltwerke verschleißen auch mit der Zeit. Wenn das Schaltwerk an Ihrem Rad nicht mehr schnell genug anspricht, überlegen Sie den Kauf einer neuen Rückholfeder oder eines neuen Schaltwerks.

Freilaufzahnkranz

Gleich neben dem Schaltwerk sitzt der Freilaufzahnkranz. Dieser Zahnkranz hat ein ziemlich kompliziertes mechanisches Innenleben und sollte darum nur von Fachleuten auseinandergenommen werden. Die üblichste Wartungsarbeit am Zahnkranz ist eine regelmäßige Reinigung. Diese ist etwa alle 4000 Kilometer fällig.
Um den Zahnkranz reinigen zu können, müssen Sie ihn zunächst vom Hinterrad abnehmen. Dazu benötigen Sie einen speziellen Freilaufabnehmer, der genau auf Ihren Zahnkranz paßt. Auf diesem

Gebiet des Radsports gibt es eine enorme Vielfalt, damit aber auch wenig Einheitlichkeit. Benutzen Sie nie ein Werkzeug, das »so ungefähr« paßt. Sie müssen viel Kraft anwenden, um den Zahnkranz abzunehmen – durch das Treten hat er sich enorm auf der Radnabe festgezogen – und wenn Sie das mit einem nicht genau passenden Werkzeug tun, dann können Sie Freilaufzahnkranz und Nabe verbiegen.
Nachdem Sie das Hinterrad aus dem Rahmen genommen haben, lösen Sie die Schnellspannermutter von ihrer Achse, die Sie dann mit der Feder aus der Radachse herausziehen können. Setzen Sie den Freilaufabzieher nun auf dem Zahnkranz an. Achten Sie dabei auf einen tadellosen Sitz. Setzen Sie Schnellspanner und Feder wieder ein und ziehen Sie diese fest an.
Weil sich der Zahnkranz beim Treten von selbst festzieht, benötigen Sie einen großen Schraubenschlüssel, einen Flachschlüssel mit variabler Maulweite oder eine Gripzange, um den Zahnkranz abzunehmen. Setzen Sie den Schlüssel, den Sie verwenden wollen, auf der flachen Seite des Freilaufabnehmers an. Nehmen Sie das Rad fest zwischen Ihre Beine und drücken Sie nun Zange oder Schlüssel hinunter. Achten Sie darauf, in die richtige Richtung zu drücken – ansonsten ziehen Sie den Zahnkranz nur noch weiter fest.
Fast immer bedarf es einer gehörigen Portion Anstrengung und Muskelschmalz, um den Freilaufzahnkranz loszuschrauben. Nutzen Sie darum das Gewicht Ihres Körpers dabei. Je größer der Schlüssel ist, den Sie verwenden, desto größer ist Ihr Hebelarm. Das macht Ihnen das Losschrauben leichter.
Wenn Sie den Zahnkranz losgeschraubt haben, lösen Sie den Schnellspanner und drehen nun den Zahnkranz langsam und vorsichtig mit der Hand oder dem Schlüssel herunter. Wenn er zwischendurch steckenbleibt, wenden Sie keine Gewalt an. Wahrscheinlich sind Sie nur auf ein kleines Stückchen Schmutz im Gewinde zwischen Zahnkranz und Nabe gestoßen. Wenn Sie mit dem Zahnkranz spielen und ihn langsam hin- und herbewegen, gelingt es Ihnen normalerweise, den Störenfried sich befreien zu lassen.
Wenn das nicht klappt, kann es passieren, daß die Gewindegänge beschädigt werden und Sie das komplette Hinterrad zu einer Fachwerkstatt bringen müssen. Dort kann man vielleicht Nabe und

Abschrauben des Zahnkranzes. Setzen Sie den Freilaufabzieher an und schrauben Sie den Zahnkranz mit einem Schlüssel von der Nabe. Achtung: Beinahe jede Marke hat ihren eigenen Freilaufabzieher – prüfen Sie, ob Sie den richtigen haben.

Reinigen des Zahnkranzes in einem Behältnis mit Reinigungsmittel. Mit einer alten Zahnbürste schrubben Sie den hartnäckigen Schmutz ab.

Zahnkranz retten, wenn der Schaden nur oberflächlich ist. Wenn das Gewinde einen schweren Schaden erlitten hat, kann man dort wahrscheinlich ein neues Gewinde in einer anderen Größe – es gibt drei Standardgrößen – schneiden. Im allerschlimmsten Fall müssen Sie eine neue Nabe und einen neuen Zahnkranz kaufen. Aber das passiert nur selten.

Nachdem Sie den Zahnkranz abgenommen haben, nehmen Sie eine alte Zahnbürste und tauchen Sie die Borsten in Reinigungsmittel. Gehen Sie mit der Zahnbürste über alle Ritzel. Danach nehmen Sie den kompletten Zahnkranz und hängen ihn mit einem Sieb, Metallkorb oder Draht in die Dose mit Reinigungsmittel. Dort lassen Sie ihn etwa für eine halbe Minute. Nach dem Herausnehmen spülen Sie ihn kräftig durch, am besten mit einem dicken Wasserschlauch.

Bevor Sie den Zahnkranz wieder auf die Nabe schrauben, reinigen Sie das Gewinde auf der Radnabe, um Schäden vorzubeugen. Nehmen Sie einen Lappen, tauchen Sie ihn in das Reinigungsmittel und reinigen Sie gründlich alle Gewindegänge. Diese sind empfindlich – schon eine Metallbürste könnte sie beschädigen.

Setzen Sie den Zahnkranz nun vorsichtig mit der Hand an. Das schwierige und wichtige daran ist, den Ansatz des Gewindes zu ertasten. Dies mag Ihnen beim ersten Mal kompliziert erscheinen. Aber wenden Sie nie Gewalt dabei an. Mit ein wenig Geduld werden Sie den Gewindeansatz finden und können den Zahnkranz fast vollständig mit der Hand anziehen. Wenn Ihre Kraft dazu nicht mehr ausreicht, können Sie den Zahnkranz auch behutsam mit dem Abzieher festziehen.

Vor der ersten Fahrt mit Ihrem frisch überholten Freilaufzahnkranz müssen Sie ihn neu schmieren. Nehmen Sie ein mittelschweres Öl, etwa ein 3-in-1-Fahrradöl. Man kann es in fast allen Eisenwaren-, Fahrrad- oder Autozubehörgeschäften kaufen. Manche Leute ziehen ein synthetisches Schmiermittel in der Art des WD 40 vor. Die Entscheidung, welches Sie verwenden wollen, liegt bei Ihnen.

Nehmen Sie nun den Zahnkranz mit der Außenseite nach oben, so daß das Öl in den Freilaufkörper gelangen kann. Drehen Sie den Freilauf und lassen Sie das Öl eindringen. Wiederholen Sie dies drei- oder viermal. Wenn der Freilaufzahnkranz einmal gut geschmiert ist, sollte er beim Drehen ein leises, fast schallgedämpftes Geräusch von sich geben.

Immer, wenn Sie im Regen gefahren sind, sollten Sie Ihren Freilaufzahnkranz mit ein wenig 3-in-1-Öl neu schmieren. Aber wenn Sie viel im Regen fahren oder gefahren sind, dann sollten Sie den Freilaufzahnkranz erst reinigen, bevor Sie ihn einölen. Ansonsten laufen Sie Gefahr, mit kleinen, aber zerstörerischen Schmutzpartikeln im Freilaufzahnkranz zu fahren.

Fortgeschrittene Radsportler wechseln gerne die Ritzel auf ihrem Zahnkranz – je nach der Art von Training oder Gelände, in dem sie fahren. Sie brauchen dafür nur zwei Ritzelabnehmer und die Ritzel, die Sie montieren wollen. Während Sie die letzteren speziell für Ihre Schaltung kaufen müssen, ist der Ritzelabnehmer ein recht billiges, universell verwendbares Werkzeug. Es besteht aus einem kurzen Kettenstück, das an einem Hebelarm befestigt ist. Sie können sich mit einfachem Werkzeug ein solches Instrument sogar selbst bauen. Den Zahnkranz können Sie auf der Nabe lassen, wenn Sie die Ritzel auswechseln wollen. Allerdings müssen Sie genau wissen, wie Ihr Freilaufzahnkranz aufgebaut ist. Viele japanische Zahnkränze benutzen lediglich das äußere Ritzel als Abschlußmutter, die anderen Ritzel können dann einfach abgezogen werden. Aber die meisten Freiläufe der italienischen Firma »Regina« haben zwei Einheiten. Die erste wird durch Schrauben nach außen geöffnet und besteht üblicherweise aus den drei äußeren Ritzeln. Die verbleibenden zwei oder drei Ritzel werden ebenfalls über ein Schraubgewinde gesichert und lassen sich nach innen abziehen.

Aber wie auch immer Ihr Zahnkranz aufgebaut ist, beginnen Sie immer mit dem äußeren Ritzel – das ist das kleinste. Legen Sie die Kettenpartie des Ritzelabnehmers im Uhrzeigersinn um dieses äußere Ritzel, den zweiten gegen den Uhrzeigersinn um ein anderes Ritzel. Ich persönlich nehme am liebsten das drittletzte von innen, denn es ist groß genug, um einen günstigen Hebelarm zu bieten und stabil genug, weil es nahe am äußeren Ritzel liegt.

Den zweiten Ritzelabnehmer benutzen Sie jetzt nur zum Gegenhalten. Halten Sie ihn gut fest, und ziehen Sie fest am äußeren Ritzel. Der beste und einzige Weg, zum Erfolg zu kommen, besteht oft darin, sein ganzes Körpergewicht zum Lösen der Schraube einzusetzen. Wie der Freilauf selbst, ziehen sich die Ritzel beim Fahren nach und nach von selbst fest – und das kann sehr fest sein.

Nachdem Sie das äußere Ritzel gelöst haben, nehmen Sie es ab und den Distanzring heraus, der zwischen dem äußeren Ritzel und dem benachbarten liegt. Distanzringe und Ritzel werden speziell für bestimmte Freilaufzahnkränze gebaut und lassen sich nur selten untereinander austauschen. Behalten Sie gut im Auge, welches Teil woher kommt – sonst kann es Ihnen passieren, daß Sie Ihren Zahnkranz falsch zusammenbauen und er unterwegs blockiert.

Abschrauben der Ritzel. Sie brauchen zwei Ritzelabnehmer. An diesem Beispiel ist der Einfachheit halber der Zahnkranz abgeschraubt. Sie sollten aber den Zahnkranz an Ihrem Rad lassen, um ein Ritzel zu lösen.

Ein auseinandergenommener Freilaufzahnkranz. Beachten Sie die Distanzringe und verschiedenen Größen der Schraubgewinde. Achten Sie immer darauf, Distanzringe und Ritzel wieder an ihren alten Platz einzubauen.

Nehmen Sie nun alle Ritzel vom Zahnkranz, die Sie – je nach Typ – wechseln müssen. Wenn Sie ein Ersatzteil kaufen, müssen Sie genau wissen, welche Aufgabe und Position es auf dem Zahnkranz haben soll. Nehmen wir als Beispiel einen Maillard-Zahnkranz: Für diesen gibt es zwei Ritzel mit 17 Zähnen – eines als inneres, eines

als drittes Ritzel von innen. Beide sind völlig unterschiedlich. Fragen Sie Ihren Händler um Rat.
Wenn Sie den Zahnkranz selbst wieder zusammengebaut haben, wird es Ihnen bei den ersten Umdrehungen so scheinen, als wäre er noch nicht fest angezogen. Die Antwort ist einfach: Er ist es auch nicht. Dies geschieht erst mit den ersten paar Metern, die Sie zurücklegen. Das ist völlig normal.

Kette

Die Verbindung zwischen Zahnkranz und Kurbeltrieb wird über ein primitives Hilfsmittel, die Kette, bewerkstelligt. Die Kette wurde um 1870 erfunden und hat sich seitdem auch nicht wesentlich weiterentwickelt (auch wenn die Kettenglieder inzwischen nur noch halb so groß sind wie früher). Die Kette muß häufiger als jedes andere Bauteil des Fahrrades gepflegt werden. Alle 150 Kilometer sollte sie geschmiert werden. Dazu drehen Sie die Pedale rückwärts und lassen dabei etwa 15 Sekunden lang mittelschweres Öl – wie das 3-in-1-Fahrradöl – darauftropfen. Ein Teil des Öls wird dabei auf den Kettensteg fließen oder tropfen. Wischen Sie die Rückstände ab, reinigen Sie die Stelle und trocknen Sie sie mit einem Papiertuch ab.
Etwa alle 1500 Kilometer (wenn Sie viel im Regen unterwegs waren, auch öfter) sollten Sie Ihre Kette überholen. Dazu nehmen Sie Ihren Kettennietdrücker und öffnen die Kette, indem Sie ein beliebiges Glied herausdrücken. Der Kettentrenner ist ein einfaches Werkzeug, will aber mit Vorsicht gebraucht werden. Anderenfalls kann es geschehen, daß Sie ein Kettenglied unbrauchbar machen, das Ihnen bei anderer Gelegenheit sicher fehlen wird (und oft genug heißt das, daß Sie eine neue Kette kaufen müssen, was weder einfach noch billig ist, wie ich später noch erklären werde).
Nachdem Sie die Kette geöffnet haben, ziehen Sie sie vorsichtig durch das Schaltwerk hindurch. Halten Sie die Kette dabei in jedem Fall an dem geöffneten Glied fest, das zu breit ist, durch das Schaltwerk zu passen. Nehmen Sie die Kette vorsichtig an beiden Enden und passen Sie auf, daß sie sich nicht zusammenwickelt. Sie könnten Probleme bekommen, sie auseinanderzuwickeln.
Tauchen Sie die Kette in das Reinigungsmittel und lassen Sie sie für etwa eine Minute dort. Wenn Sie sie wieder herausnehmen, bürsten

Sie alle Kettenglieder mit einer alten Zahnbürste ab, die Sie zuvor in das Reinigungsmittel getaucht haben. So entfernen Sie allen Schmutz. Wie immer, wenn Sie ein Reinigungsmittel verwenden, spülen Sie die Kette mit einem kräftigen Wasserstrahl aus einem dicken Schlauch ab.

Um die Kette wieder aufzuziehen, fädeln Sie sie einfach durch das Schaltwerk. Das geöffnete Glied sollte mit dem herausstehenden Niet in Ihre Richtung zeigen, ansonsten wird Ihnen das Vernieten schwerer als nötig fallen. Fangen Sie mit diesem Ende der Kette an und ziehen Sie sie der Reihe nach über das Kettenblatt und den Umwerfer zum Schaltwerk hin. Beide Enden sollten sich unten zwischen Tretlager und Schaltwerk treffen. Verschließen Sie die Kette mit dem Kettennietdrücker wieder, indem Sie die Kettenglieder fest zusammenhalten und den Niet vorsichtig hindurchdrücken.

Wenn das Niet an beiden Enden mit den Laschen abschließt, können Sie den Nietdrücker wieder abnehmen. Meistens wird die Kette an der frisch vernieteten Stelle festsitzen. Nehmen Sie das starre Glied und ein danebenliegendes und bewegen Sie die beiden langsam und vorsichtig gegeneinander. Schon nach ein paar Sekunden wird das Kettenglied sich wieder gelöst haben (wenn Sie unterwegs ein ungelenkes Kettenglied feststellen, verfahren Sie ebenso). Das am häufigsten anzutreffende Kettenproblem ist Überalterung. In dem Maße, in dem eine Kette altert, verlängert sie sich und muß ersetzt werden.

Etwa alle 25000 Kilometer sollten Sie ohnehin Ihre Kette wechseln. Das einzige Problem, das es dabei gibt, ist die Tatsache, daß die Kette mit zunehmendem Alter auch Zahnkranz und Kettenblätter verschlissen hat. Im Idealfall sollten Sie darum jedesmal, wenn Sie eine neue Kette kaufen, einen neuen Zahnkranz und neue Kettenblätter gleich dazukaufen. Tun Sie das nicht, dann werden Sie feststellen, daß die neue Kette auf Ihren alten Ritzeln und Kettenblättern durchrutscht, weil beides nicht hundertprozentig zusammenpaßt.

Natürlich kann es sich nicht jeder leisten, soviel Geld in die Hardware seines Hobbys zu investieren. Aber Ihre Ritzel und Kettenblätter sollten nie drei Kettenwechsel überdauern. Ansonsten kann es Ihnen passieren, daß die Kette gar nicht mehr richtig auf den alten Zähnen greift und durchrutscht.

Bremsen

Bremsen sind Ihr Sicherheitsventil Nummer eins und sollten deshalb stets in Ordnung sein. Glücklicherweise ist die Bremsanlage eines Fahrrades wesentlich einfacher aufgebaut als etwa die Scheiben- oder Trommelbremse eines Autos.

Der Hauptkörper der Bremse besteht aus zwei Bremsschenkeln oder -bügeln. Diese sind im Grunde genommen völlig wartungsfrei. Die einzige Aufmerksamkeit, die sie benötigen, ist eine Wäsche mit Seifenwasser alle paar hundert Kilometer – öfter, wenn Sie viel im Regen unterwegs sind. Fast alle Bremsen heutzutage sind Seitenzugbremsen. Diese Bremsen haben einen zweiteiligen Körper – einen größeren Teil, zu dem derjenige Bügel gehört, der bis zur Zughülle hinaufgeht und ein kleinerer Teil, zu dem der Bügel darunter gehört. Wenn Sie Mittelzugbremsen haben, ist die Konstruktion etwas komplizierter, aber in der Wartung genauso einfach.

Der vielleicht größte Unterschied zwischen Mittel- und Seitenzugbremsen ist der, daß erstere in ihrem System ein zusätzliches Bindeglied haben, ein Stück Zug, der beide Bremsbügel miteinander verbindet. Der Zug ist mit einem Gehäuse verbunden, das seinerseits mit dem eigentlichen Bremszug verbunden ist, der am Bremsgriff endet.

Die meisten Kopfschmerzen bereiten Bremsen, wenn sie nicht richtig eingestellt sind. Wahrscheinlich werden Ihre Bremsen einseitig ziehen und eines der Bremsgummis unter dem Reifen an der Felge scheuern. Um hier Abhilfe zu schaffen, benötigen Sie einen speziellen, schmalen Maulschlüssel (oft mit 13 Millimetern Schlüsselweite). Sie können denselben Schlüssel auch verwenden, um Ihre Pedale abzuschrauben. Manche Bremsen der teureren Kategorie haben eine Inbusschraube hinter dem Gabelkopf (für die vordere Bremse) oder direkt vor dem Bremsensteg (für die hintere Bremse). Sie zentrieren die Bremse, indem Sie den Schlüssel drehen. Wenn Sie eine Inbusschraube hinter dem Gabelkopf sehen (oder dem Bremsensteg), dann stellen Sie die Bremsen natürlich ebendort ein.

Wenn Sie den Schraubenschlüssel oder Inbusschlüssel drehen, müssen Sie etwas weiter als bis zur Mitte drehen. Um zu prüfen, ob Sie die Bremsen wirklich genau eingestellt haben, ziehen Sie den Bremsgriff am Lenker einmal durch. Danach werden die Bremsgummis in eine bestimmte Stellung zurückgehen. Auf diese Position haben Sie sie eingestellt. Es kann sein, daß Sie diese Operation einige Male durchführen müssen, bevor die Einstellung auch wirklich stimmt. Durch ihre ständige Beanspruchung verlängern sich die Bremszüge allmählich. Wenn dies der Fall ist, werden Sie feststellen, daß der Arbeitsweg Ihres Bremsgriffs größer geworden ist und daß die effektive Bremsleistung abgenommen hat. Zum Glück haben die Bremsen der meisten Hersteller eine Einstellschraube, mit der man die Längung wieder ausgleichen kann. Bei vielen Bremsen sitzt diese Einstellschraube oben am Bremsgriff, da, wo die Zughülle beginnt. Bei anderen Konstruktionen sitzt diese Einstellschraube in der Nähe der Schraube, mit der der Zug an der Bremse befestigt ist, etwas weiter darunter. Wenn Sie Mittelzugbremsen haben, finden Sie die Einstellschraube in der speziellen Halterung am Lenkkopflager. Wenn Sie die Einstellschraube so weit wie möglich herausgedreht haben, müssen Sie natürlich als nächstes den Zug straffen. Dazu lösen Sie die Klemmschraube, die den Bremszug hält (üblicherweise eine 8-Millimeter-Schraube). Wenn Sie den Zug gelöst haben, wird die Feder, die im Normalzustand von den Bremsbügeln zusammengedrückt wird, die Bremsbügel auseinanderdrücken. Um Ihre Bremse nachzustellen, greifen Sie nun mit einer Hand durch die Speichen Ihres Rades und halten beide Bremsgummis fest an die Felge. Dann lassen Sie den Zug los und ziehen Sie die Schraube an (halten Sie die Bremsgummis so lange fest, bis Sie die Zugschraube vollständig festgeschraubt haben). Wenn Sie die Bremsgummis loslassen, werden die Bügel der Bremszange gerade soweit nachgeben, daß sie ausreichend Spiel zwischen Felge und Bremsgummis haben.

Wenn der Zug schon sehr altersschwach ist, würde ich Ihnen empfehlen, einen neuen zu kaufen. Das sollten Sie ohnehin jedes halbe Jahr oder alle 8000 Kilometer tun. Um den alten Bremszug abzubauen, verfahren Sie wie oben beschrieben, lösen die Klemmschraube am Bremsbügel und ziehen die Bremszughülle ab. Diese legen Sie erst einmal beiseite. Jetzt hängt das Bremskabel nur noch am Nippelhalter des Bremsgriffs. Sie können den Griff nun ganz zurückziehen, um den Nippel aus seinem Nippelhalter im Bremsgriff zu lösen. Wahrscheinlich wird der Nippel sich nur schlecht lösen lassen, aber mit dem leichten Druck eines Schraubenziehers werden Sie ihn herausbekommen.

Überprüfen Sie nun, ob das Bremskabel, das Sie gekauft haben, den gleichen Nippel hat wie Ihr alter Zug. Es gibt hier eine ganze Reihe verschiedener Typen, die nicht alle untereinander austauschbar sind. Auch sollten Sie beim Kauf sehen, daß Sie den dicksten Zug bekommen, der an Ihr Modell paßt. Von Campagnolo gibt es ein besonders dickes Kabel, das an einer ganzen Reihe von »Campagnolo-Clone«-Bremsen verwendet werden kann. Dieses Kabel ist etwas teurer als ein normales, aber der Zugewinn an Sicherheit macht diesen Preis mehr als wett.

Um das neue Bremskabel zu installieren, hängen Sie den Nippel in den Aufnahmebolzen im Bremsgriff. An den meisten Modellen finden Sie einen Schlitz im Aufnahmebolzen, durch den Sie erst das Kabel führen können, bevor Sie den Nippel einhängen. Aber es gibt auch Modelle mit einem Aufnahmebolzen ohne Schlitz, so daß Sie das ganze Kabel durch das Loch im Aufnahmebolzen führen müssen.

Sobald Sie den Nippel im Aufnahmebolzen eingehängt haben, ziehen Sie fest am Kabel, so daß es nicht herausfallen kann. Dies könnte nämlich passieren, weil noch keine Spannung auf dem Kabel ist. Deswegen werden Sie den Nippelsitz noch einmal überprüfen müssen, bevor Sie das andere Kabelende am Bremsbügel befestigen.

Fetten Sie das Kabel ein und ziehen Sie es durch die Hülle. Nun fädeln Sie das Zugende am Bremsbügel ein, spannen die Bremsbügel, indem Sie die Bremsgummis wie oben beschrieben gegen die Felge drücken. Ziehen Sie die Klemmschraube fest. Überprüfen Sie, ob der Nippel fest in seinem Aufnahmebolzen sitzen bleibt, wenn Sie den Zug anziehen.

Weil man Ersatzkabel nur in einer Standardlänge bekommt, müssen Sie die Überlänge mit einem Seitenschneider abtrennen. Seien Sie sehr sorgfältig, wenn Sie das Kabel abtrennen – wenn Sie es zerquetschen oder ausfasern, brauchen Sie ein neues Kabel. Manch einer sichert die Kabelenden mit einem Plastikstopfen. Dies ist nicht nötig.

Es gibt einen Sonderfall beim Bremszugwechsel. Wenn Sie eine aerodynamische Zugverlegung durch den Lenker haben, dann können Sie die Zughülle nicht abziehen. Stattdessen müssen Sie mühsam das Kabel durch die Hülle ziehen.

Alle 25000 Kilometer sollten Sie die Zughülle wechseln. Kaufen Sie ein so langes Stück hochwertiger Zughülle, daß Sie genug für Vorder- und Hinterradbremse haben. Kaufen sie lieber ein wenig mehr als Sie voraussichtlich benötigen werden, für den Fall, daß Ihnen bei der Montage eine Panne unterläuft. Fangen Sie bei der Hinterradbremse an. Ziehen Sie das Bremskabel wie oben beschrieben aus der Hülle, dann erst demontieren Sie diese. An den meisten Fahrrädern gibt es angelötete Halter, in denen die Zughülle am Oberrohr entlangläuft. Führen Sie einfach diese Hülle durch die Halterungen. Wenn Sie kleine angeschraubte Schellen als Zughalter haben, benötigen Sie einen kleinen Schraubenzieher, um die Schellen zu lösen.

Nehmen Sie Ihre neue Zughülle in die eine Hand und lassen Sie das andere Ende nach unten hängen. In die andere Hand nehmen Sie die alte Hülle und lassen sie ebenfalls hängen. Halten Sie die beiden nebeneinander und markieren Sie mit einem Nagel oder einem spitzen Gegenstand die Länge der alten Hülle an der neuen. Nun nehmen Sie einen Seitenschneider und trennen den neuen Zug an der markierten Stelle durch. Passen Sie gut auf, daß die Hülle dabei nicht ausfasert – das können Sie gut vermeiden, indem Sie mit dem Seitenschneider entlang einer Windung in der metallenen Führung unter der Plastikummantelung entlangschneiden.

Bauen Sie die neue Hülle ein, ziehen Sie das Kabel durch – das war's. Wiederholen Sie diese Schritte an der Vorderradbremse. Achten Sie auf zu lange oder zu kurze Hüllen. Die Züge sollten eine weiche, elegant geschwungene Schleife über dem Lenker bilden, in der die Kabel sich leicht bewegen können. Wenn die Hülle zu kurz ist, wird der Zug einen Knick beschreiben, wodurch die Bremswirkung geschmälert wird. Wenn die Hülle zu lang ist, haben Sie einen zu langen Bremszug, der ebenfalls die Bremsleistung verringert.

Etwa alle 25000 Kilometer sollten Sie Ihre Bremsgummis austauschen. Dazu nehmen Sie einen Flachschlüssel (auch hier mit 8 Millimetern Maulweite) und lösen Sie die Schrauben, die Bremsschuh und -gummi an den Bremsbügeln halten. Wenn die Schrauben gelöst sind, nehmen Sie einen Bremsschuh und drehen ihn um ein paar Grad, so daß sein hinterer Teil nach unten zeigt. Ziehen Sie die Schraube fest an. Dann nehmen Sie einen großen Schraubenzieher und drücken den alten Bremsgummi aus dem Schuh – er wird langsam herausrutschen.

Um den neuen Bremsgummi zu installieren, lösen Sie die Schraube des Bremsschuhs erneut und drehen diesen nun so, daß die vordere Partie nach unten zeigt. Ziehen Sie die Schraube des Bremsschuhs fest. Setzen Sie den neuen Belag am Bremsschuh an und drücken Sie mit dem Schraubenzieher nach, bis der Belag vollständig im Schuh steckt. Wenn Sie den Bremsschuh wieder anziehen, achten Sie darauf, daß er parallel zur Bremse verläuft.
Alle 25000 Kilometer sollten Sie Ihre Bremse demontieren und ihr eine Überholung gönnen. Bevor Sie damit anfangen, müssen Sie die

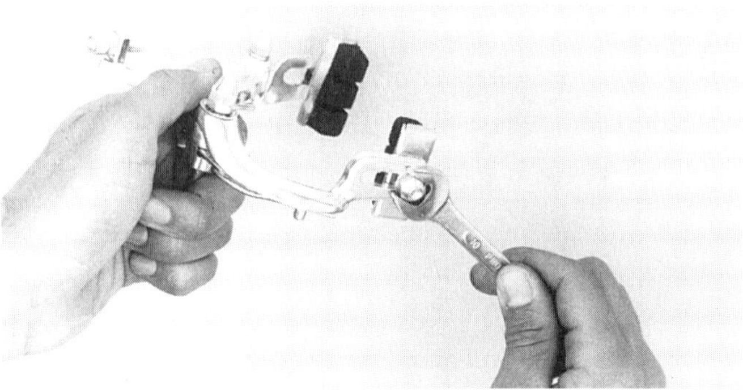

Abschrauben eines Bremsschuhs. Nachdem Sie die Schraube mit einem Schlüssel gelöst haben, können Sie den Schuh aus dem Bügel herausnehmen.

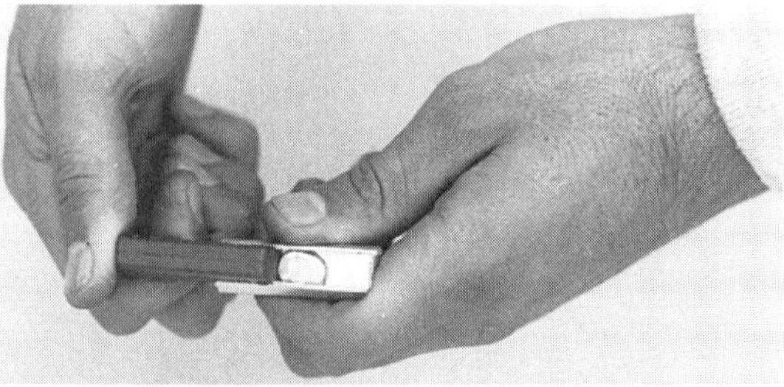

Einsetzen eines neuen Bremsgummis. Man kann Bremsgummis mit der Hand einsetzen, aber mit Hilfe eines Schraubenziehers geht es einfacher. Zum Ausbauen des Bremsgummis benötigen Sie sicher keinen Schraubenzieher.

Bremszüge aushängen. Um den Bremsenkörper lösen zu können, müssen Sie die Achse auf der anderen Seite gegenhalten. Dazu nehmen Sie einen Flachschlüssel (meistens von 8 Millimetern Schlüsselweite) und setzen ihn an der Mutter vorne am Bremsbolzen an. An vielen modernen Seitenzugbremsen kann man einen Inbusschlüssel an der Schraube hinter dem Gabelkopf ansetzen, um den Bremsbolzen von vorne zu lösen.
Nun nehmen Sie einen Schraubenschlüssel (in den meisten Fällen einen Inbus- oder 8-Millimeter-Schlüssel) und lösen die Mutter vorne an der Bremse. Nachdem Sie die Mutter gelöst haben, können Sie den Federhalter entfernen, der direkt dahintersitzt. Dazu benötigen Sie möglicherweise einen Schlüssel (üblicherweise mit 10 Millimetern Maulweite).
Nach dem Entfernen des Federhalters können Sie nun den Bremsbolzen herausziehen. Dabei zerfällt die Bremse schon in ihre Bestandteile. Die größten Bestandteile sind im Falle einer Seitenzugbremse der große und der kleine Bremsbügel. Auch eine große Rückholfeder gehört dazu. Bauen Sie die Bremsgummis ab und reinigen Sie die verbleibenden Teile. Spülen Sie sie mit einem kräftigen Wasserstrahl gut ab. Bevor Sie die Bremse wieder montieren, geben Sie einen dicken Tupfer weißen Lithium-Fetts auf die Lagersitze der Bremsbügel, wo auch die Feder sitzt. Dann wird die Bremse sich leichter bedienen lassen.
Um die Bremse wieder zusammenzubauen, setzen Sie den Federhalter auf den Bremsbolzen. Drehen Sie ihn bis zu dem Punkt, an dem Sie kein Spiel im Bremsbolzen mehr spüren. Nun halten Sie den Federhalter mit einem Schlüssel fest, während Sie den Bremsbolzen mit einem anderen Schlüssel anziehen. Nachdem Sie den Bolzen fest angezogen haben, werden Sie merken, daß die Bremse sich etwas steif anfühlt. Nun lösen Sie den Federhalter um etwa eine Achtelumdrehung. Dies wird die Bremse beweglicher machen und gleichzeitig den Bremsbolzen kontern. Das macht Ihre Bremse sicherer.
Wenn Sie Ihre Bremsgriffe einstellen oder erneuern möchten, lösen Sie den Bremszug und entfernen das Lenkerband vollständig. Nun ziehen Sie den Bremsgriff bis zum Anschlag durch, nehmen einen Schlüssel (normalerweise mit 8 Millimetern Maulweite) und lösen die Schraube, die Sie im Innern der Griffeinheit entdecken.

Auch wenn Sie diese Schraube gelöst haben, sitzt die Schelle, die den Griff hält, vielleicht noch etwas fest. In diesem Fall klopfen Sie mehrere Male leicht dagegen, bis der Griff sich gelockert hat. Wenn Sie die Griffe neu einstellen, denken Sie daran, daß die Idealposition auf halber Höhe der Lenkerkrümmung liegt – an diesem Punkt sollte der tiefste Punkt des Griffs mit der unteren Linie des Lenkers bündig abschließen.

Vielleicht möchten Sie die Gummikappe des Bremsgriffes auswechseln. Dazu müssen Sie zuerst den Bremsgriff wie oben beschrieben entfernen. Nun nehmen Sie die alte Kappe und ziehen sie von hinten nach vorne ab. Um die neue Gummikappe anzubauen, setzen Sie diese ebenfalls vom hinteren Ende des Griffs an. Sie brauchen ein wenig Muskelschmalz dazu. Aber geben Sie acht, daß Sie die Gummikappe nicht an der Vorderpartie dehnen. Diese ist nämlich die dünnere und kann einreißen. Um den Bremsgriff wieder zu befestigen, ziehen Sie einfach die Schraube im Griff an. Achten Sie darauf, daß die Bremsgriffe direkt nach vorne zeigen.

Lenker

Um den Lenker abzubauen, ziehen Sie das Lenkerband ab und bauen die Bremsgriffe ab. Dann lösen Sie die Schraube im Vorbau, die den Lenker hält. Wenn die Schraube gelöst ist, können Sie den Lenker einfach herausziehen. Ein Problem können lediglich die Krümmungen des Lenkers beim Herausziehen bereiten. Wenden Sie keine Gewalt an und quetschen Sie den Lenker nicht.

Lenkervorbau

Der Lenkervorbau sollte etwa alle 8000 Kilometer ausgebaut werden, um sicherzugehen, daß das Klemmstück im Lenkkopfrohr nicht korrodiert. Wenn dies nämlich passiert, werden Sie selbst das Klemmstück nicht mehr demontieren können. Sie müssen es dann in einer Fahrradwerkstatt aufbrechen und ausbauen lassen.

Um das Klemmstück auszubauen, lösen Sie die Schraube oben auf dem Vorbau und nehmen diese heraus. Nun nehmen Sie einen Klacks weißen Lithium-Fetts und fetten damit das Klemmstück ein. Setzen Sie nun den Vorbau wieder ein. Dabei geben Sie darauf acht, daß Sie die Schraube fest anziehen, aber nicht zu fest – das Klemmstück könnte dabei abbrechen.

Umwickeln des Lenkers mit neuem Lenkerband. Fangen Sie unten an und ziehen Sie das Band straff. Dabei sollte sich das Band jeweils überlappen.

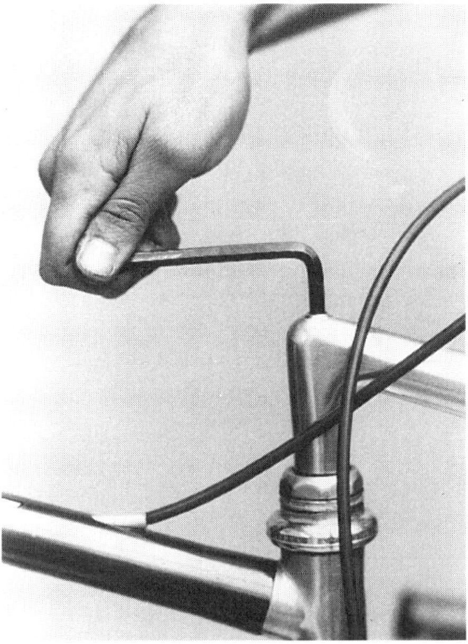

Ausbauen des Lenkervorbaus. Lösen Sie die Schraube mit einem Inbusschlüssel. Es kann sein, daß die Schraube sich schlecht aus dem Klemmstück löst. Vorsichtige Schläge können hier helfen. Reinigen und fetten Sie das Klemmstück vor dem Wiedereinsetzen. Beim Herausnehmen des Vorbaus markieren Sie die Stelle, bis zu der das Fett reicht, mit etwas Klebeband. So können Sie ihn hinterher wieder in seiner alten Stellung einsetzen.

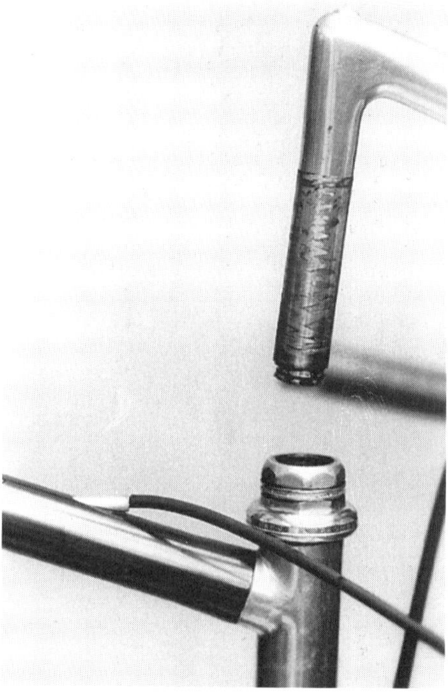

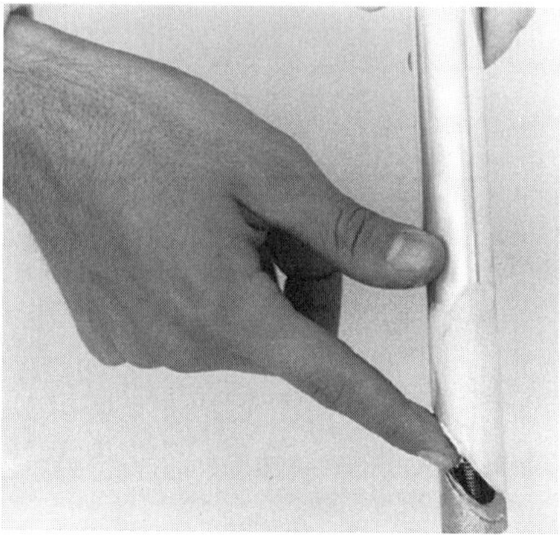

Steuersatz

Das Bauteil, das das Lenkkopfrohr (und seine Verlängerung, die Gabel) hält, ist der Steuersatz. Wie Pedale und Tretlager ist auch der Steuersatz kugelgelagert. Das Lager muß alle 25 000 Kilometer überholt werden.

Dazu demontieren Sie den Vorbau wie oben beschrieben. Dann nehmen Sie einen großen Flachschlüssel, der auf die Lenkkopfmutter paßt. Mit einem Schlüssel mit variabler Maulweite oder mit einer Gripzange könnten Sie hier möglicherweise zurechtkommen, aber ich würde Ihnen raten, sich das Spezialwerkzeug zu besorgen, das vom Hersteller des Steuersatzes angeboten wird. Um die Lenkkopfmutter zu lösen, nehmen Sie das Vorderrad fest zwischen Ihre Beine, damit Gabel und Steuerlager sich nicht gegeneinander verdrehen. Geben Sie dem Schlüssel einen festen Schlag und lösen Sie die Lenkkopfmutter. Legen Sie sie zur Seite oder an einen sicheren Platz. Als nächstes nehmen Sie den Zwischenring ab, der in einer Nut im Lenkkopfrohr sitzt. Meistens kann man diesen Zwischenring mit der Hand herausnehmen. Wenn nicht, drücken Sie ihn mit einem mittelgroßen Schraubenzieher vorsichtig heraus.

Nun nehmen Sie wieder den Schlüssel und lösen behutsam die Lagerschale. Wenn Sie diese herausnehmen, werden Sie die Kügelchen sehen, die normalerweise in einem eigenen Käfig laufen. Nach-

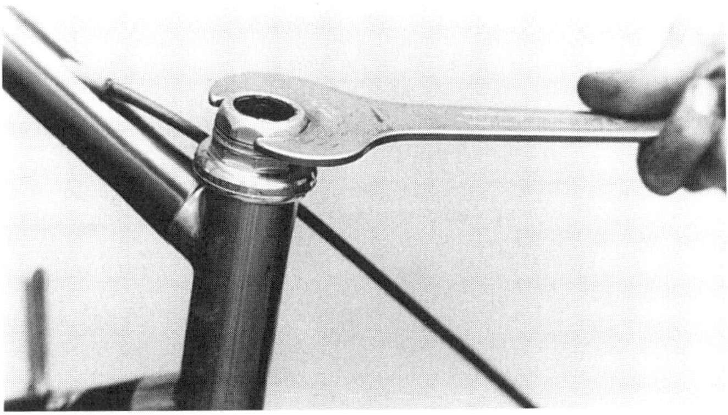

Ausbau des Steuersatzes. Lösen Sie die Abschlußmutter mit einem großen Flachschlüssel.

Schrauben Sie die obere Lagerschale ab.

Nachdem Sie die Lagerschale gereinigt haben, können Sie nun Gabel und Gabelrohr herausnehmen.

dem Sie Kugelring oder Lagerkäfig herausgeschraubt haben, wird das Lenkrohr aus dem Lenkkopf herausfallen und die unteren Kugeln freigeben, die wiederum oft in einem Halter stecken.
Legen Sie die Kügelchen bzw. den Kugelring in ein Sieb oder Netz, dieses in die Dose mit Reinigungsmittel und lassen Sie sie für eine Weile dort. Nehmen Sie nun einen weichen Lappen, tauchen ihn tief in das Reinigungsmittel ein und reinigen Sie damit die Vertiefungen in den Lagerschalen. Bevor Sie alles wieder zusammensetzen, reinigen Sie die Teile noch mit einem kräftigen Wasserstrahl.
Zur Montage des Steuersatzes fetten Sie Kügelchen und/oder Kugelring mit weißem Lithium-Fett ein. Setzen Sie den unteren Kugelring auf das Gabelrohr und lassen Sie ihn bis zum Anschlag durchrutschen. Nun können Sie das Gabelrohr in das Steuerrohr zurückschieben. Als nächstes nehmen Sie den oberen Kugelring und legen ihn in die Lagerschale im Lenkkopf. Darauf schrauben Sie die Lagerschale soweit, bis Sie kein Spiel mehr fühlen, das Lager aber noch leicht drehen können.
Wenn Sie die Abschlußmutter aufsetzen, achten Sie darauf, den verschraubten Kugelhalter mit einem Flachschlüssel gegenzuhalten. Ziehen Sie nun langsam die Mutter an und achten Sie dabei darauf, daß der Schlüssel um das verschraubte Kugellager sich nicht

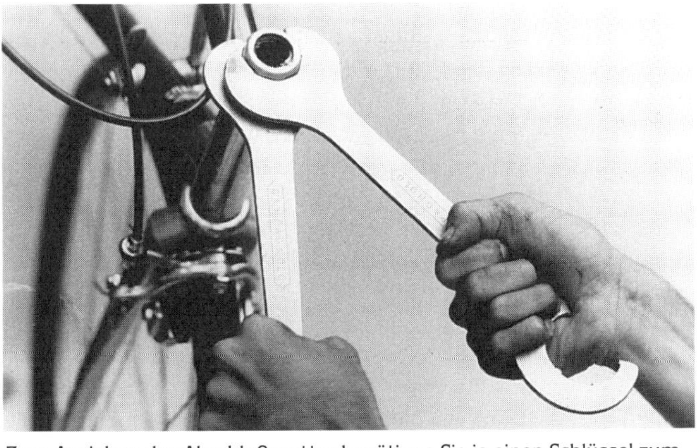

Zum Anziehen der Abschlußmutter benötigen Sie je einen Schlüssel zum Gegenhalten der Lagerschale und zum Anziehen der Abschlußmutter.

bewegt. Wenn Sie die Kontermutter für fest halten, drehen Sie sie wieder um eine Achtelumdrehung auf. Bevor Sie den Lenkervorbau wieder einsetzen, sollten Sie den Steuersatz noch einmal auf Spiel untersuchen. Spiel im Steuersatz ist besonders gefährlich, weil dadurch das Lenkrohr brechen und so einen schweren Unfall verursachen kann.

Wenn es Ihnen Schwierigkeiten bereitet, diese Überholung durchzuführen, suchen Sie eine Fachwerkstatt auf. Dort wird man Ihnen in Minutenschnelle weiterhelfen.

Sattel und Sattelstütze

Die Sattelstütze sollte etwa alle 2500 Kilometer ausgebaut werden. Bei dieser Gelegenheit sollten Sie das Innere des Sattelrohrs mit weißem Lithium-Fett einreiben. Wenn Sie die Sattelstütze ausbauen, markieren Sie mit einem Stück Klebeband die Schnittstelle zwischen Sattelrohr und Sattelstütze. Denken Sie daran, daß das Herausfinden der richtigen Höhe ein langwieriger Prozeß war. Wenn Sie die Sattelstütze ohne Markierung ausbauen, fangen Sie damit noch einmal von vorne an.

Der Sattel selbst benötigt keine besondere Wartung. Aber am besten nehmen Sie ihn von Zeit zu Zeit ab, um die Schienen an seiner Unterseite zu reinigen. Um den Sattel von der Sattelstütze abzunehmen, nehmen Sie einen Schlüssel, der zu Ihrer Sattelstütze paßt. In vielen Fällen wird dies ein Inbusschlüssel und der Sattel einfach abzubauen sein. Aber manche Modelle von Campagnolo haben zwei normale 12-Millimeter-Schrauben, die man nur mit Spezialwerkzeug einfach lösen kann. Wenn Sie den Sattel abbauen, vergessen Sie nicht, seine Position auf der Schiene zu markieren. Diese Einstellung ist mitentscheidend für Ihre Sitzhaltung. Wenn Sie den Sattel falsch auf den Schienen befestigen, fahren Sie zwangsweise in der falschen und damit für Leistung wie Freude abträglichen Haltung.

Laufräder

Die Laufräder sind wichtige Bestandteile Ihres Rades. Sie sollten mit viel Sorgfalt gewartet werden. Sie sind Ihr wichtigstes Bindeglied zur Straße. Wenn sie schlecht oder falsch eingestellt sind, werden sie Ihnen unnötig Kraft rauben oder sogar ein Sicherheitsrisiko darstellen. Auch wenn in manchen Radsportbüchern beschrieben wird, wie man selbst ein Rad bauen kann, würde ich dies niemandem empfehlen, der kein ausgebildeter Mechaniker ist. Um ein wirklich gutes Rad zu bauen, braucht man eine ganze Reihe teurer Spezialwerkzeuge und, was noch viel wichtiger ist, viel Geschick und Erfahrung. Wenn Radamateure ihre Räder selbst bauen, kommt dabei nur selten etwas Einwandfreies heraus.

Das schwerste am Radbauen ist, zu wissen, wie man die Speichen anzieht. Es ist noch ziemlich einfach, die Form eines Rades hinzubekommen, aber es ist wahrscheinlich, daß die Speichen dann nicht gleichmäßig angezogen sind. So ist das Rad nicht zentriert, es bekommt einen Höhen- und/oder Seitenschlag und belastet so Speichen und Felgen über Gebühr. Weil das Zentrieren so schwierig ist, sind viele in Heimarbeit gebauten Räder nicht rund – und das belastet das Rad noch mehr. Denken Sie außerdem immer daran, daß ein Rad aus zerbrechlichen Bauteilen besteht – den dünnen Speichen sowie den Felgen –, die nur dann stabil und sicher sind, wenn sie richtig zusammengebaut wurden.

Lassen Sie Ihre Räder von einem Könner bauen. Wenn Sie sich zu diesem Schritt entschieden haben, werden Sie später feststellen, daß Sie weniger Zeit darauf verwenden müssen, die Speichen immer wieder nachzuspannen. Sie werden deutlich weniger Speichenbrüche zu verzeichnen haben. Und vor allen Dingen: Ihr Fahrrad wird viel, viel sicherer.

Natürlich müssen Sie auch bei den von Könnerhand gebauten Rädern einige Grundzüge der Radwartungsarbeiten kennen. Wegen ihrer Kugellager sollten die Radnaben alle 25000 Kilometer überholt werden. Wenn Sie oft im Regen oder auf schmutzigen Straßen fahren, sollten Sie diese Intervalle verkürzen.

Wenn Sie Naben von Mavic, Shimano oder andere Naben mit gekapselten Kugellagern haben, brauchen Sie diese nicht besonders zu warten. Für diese Naben reicht es völlig aus, wenn sie alle paar hundert Kilometer mit warmem Seifenwasser abgewaschen werden.

Um Ihre Naben zu überholen, nehmen Sie das Rad aus dem Rahmen. Demontieren Sie den Freilaufzahnkranz so, wie es auf den Seiten 97 bis 103 beschrieben ist. Ziehen Sie den Schnellspanner heraus. Bevor Sie ihn zur Seite legen, sehen Sie nach, ob die kleinen Federn wieder auf der Spannerachse sind und ziehen die Mutter am Ende fest, so daß nichts verlorengeht.

Nach dem Radausbau ziehen Sie die Schnellspannerachse (wenn vorhanden) aus der Radnabe.

Im nächsten Schritt lösen Sie die Radachsen. Dazu nehmen Sie zwei Konusschlüssel, dieselbe Art von Schlüssel, mit der Sie auch Ihre Pedale gelöst und Bremsen eingestellt haben. Nehmen Sie den ersten Konusschlüssel und setzen Sie ihn am inneren Konus an, genau an der Kante des Nabenkörpers. Nehmen Sie den anderen Schlüssel und setzen Sie ihn an der Mutter am anderen Ende der Nabe an.

Mit dem ersten Schlüssel halten Sie den inneren Konus gegen, während Sie mit dem anderen Schlüssel die Mutter losschrauben. Wenn Sie die Mutter gelöst haben, schrauben Sie sie ganz ab und legen sie an einen sicheren Ort. Als nächstes drehen Sie den inneren Konus vorsichtig ab und legen ihn beiseite.

Nachdem Sie Mutter und Konus abgeschraubt haben, können Sie die Nabenachse herausziehen. Um die Lager herausnehmen zu können, nehmen Sie die Staubkappen ab, die am äußeren Rand des Nabenkörpers sitzen. Legen Sie sie beiseite. Bei fast allen Naben brauchen Sie nur einen mittelgroßen Schraubenzieher, um die Staubkappen herauszudrücken. Aber wenn Sie an Ihrem Rad die neuen »Aero Record«-Naben von Campagnolo haben, benötigen Sie Spezialwerkzeug zum Abnehmen der Staubkappen.

Nachdem Sie die Staubkappen abgenommen haben, können Sie nun die Kugellager herausnehmen. Wenn die Kügelchen durch einen

Um den Konus von der Achse schrauben zu können, müssen Sie mit einem Konusschlüssel den inneren Konus gegenhalten. Jetzt können Sie den äußeren Konus abschrauben und abnehmen. Danach können Sie auch den inneren Konus abnehmen.

Nehmen Sie die Achse von der anderen Seite der Nabe (auf dieser Seite müssen Sie keinen Konus abschrauben).

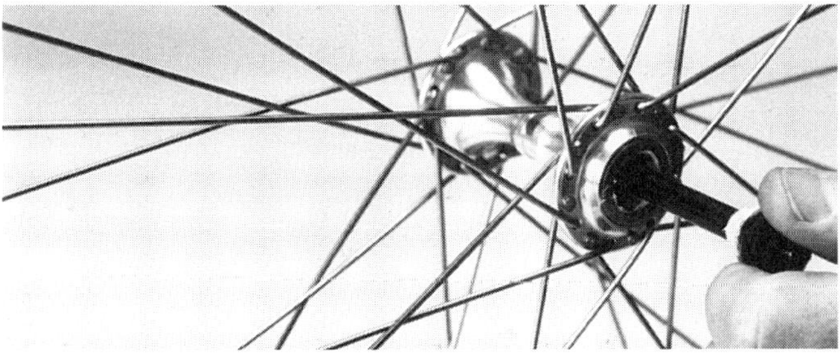

Ziehen Sie die Achse aus der Nabe.

Mit einem Schraubenzieher können Sie die Staubkappe abnehmen, so daß Sie an das Kugellager herankommen.

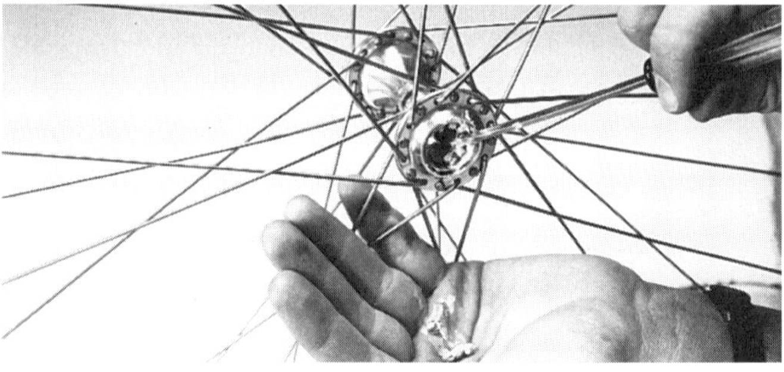

Jetzt können Sie mit einem Schraubenzieher Kügelchen oder Kugelring aus der Nabe herausnehmen. Auf der anderen Seite wiederholen Sie diesen Vorgang. Jetzt können Sie Nabe und Lager gründlich reinigen, trocknen und neu fetten.

Ring gesichert werden, nehmen Sie den ganzen Ring heraus. Wenn die Kügelchen sich frei bewegen, nehmen Sie sie sorgfältig mit der Hand heraus. Eine Pinzette oder ein Schraubenzieher können Ihnen dabei gute Dienste leisten. Legen Sie Kugellager und Staubkappe in ein Sieb, dieses in die Dose mit Reingungsmittel, und lassen Sie es dort für eine Weile.

Um das Kugellager auf der anderen Seite herauszunehmen, drehen Sie lediglich das Rad auf die andere Seite und wiederholen die beschriebene Prozedur. Nachdem Sie alles in das Behältnis mit Reinigungsmittel gelegt haben, tauchen Sie einen weichen Lappen in die Flüssigkeit und reinigen die Lagerschale von alten Fettrückständen. Waschen Sie das Reinigungsmittel in der Nabe mit einem kräftigen Wasserstrahl aus.

Wenn Sie damit fertig sind, nehmen Sie das Sieb aus dem Reinigungsmittel und spülen alle Teile, die Sie dort hineingelegt hatten, mit einem kräftigen Wasserstrahl durch. Nun können Sie sich daran begeben, die Teile wieder einzubauen. Als ersten Schritt nehmen Sie einen üppigen Klecks weißes Lithium-Fett und streichen es in die Lagerschale in der Radnabe. Dann nehmen Sie einen Kugelring und bestreichen ihn ebenfalls dick mit diesem Fett. Wenn Sie keine Kugelringe haben, fügen Sie die Kügelchen auf einer Schraubenzieherspitze mit Fett einzeln ein.

Wenn Sie mit einer Seite fertig sind, nehmen Sie die Staubkappe und drücken Sie leicht wieder an ihren alten Platz. Sie können dazu auch einen Gummihammer nehmen oder einen Metallhammer mit einem dicken, weichen Tuch umwickeln. Wenn Sie den Hammer nicht umwickeln, könnten Sie die Staubkappe einbeulen. Das würde bedeuten, daß Sie eine neue Staubkappe besorgen müssen, denn in einer verbeulten Staubkappe arbeitet das Kugellager nicht immer einwandfrei.

Drehen Sie das Rad nun langsam auf die andere Seite. Streichen Sie das Fett in die dortige Lagerschale. Tauchen Sie den Kugelring (wenn vorhanden) in das Fett. Dann setzen Sie den Kugelring oder die einzelnen Kügelchen wieder in die Nabe ein. Drücken Sie die Staubkappe wieder an ihren Platz – nun können Sie die Achse wieder einsetzen. Achten Sie immer darauf, daß Sie die Achse in derselben Richtung einsetzen, in der Sie sie herausgenommen haben. Distanzringe und Feinzentrierung des Rades wurden auf eine bestimmte Achsrichtung abgestimmt; bei einer anderen Richtung muß all dies nicht mehr stimmen. Dies gilt ebenso für die Hinterradnabe.

Wenn Sie die Achse wieder eingesetzt haben, drehen Sie den inneren Konus solange fest, bis Sie kein Spiel mehr fühlen. Dann halten Sie beide Achsenden in der Hand und drehen das Rad. Bei der idealen Einstellung gibt es kein seitliches Spiel und keinen fühlbaren Widerstand beim Drehen des Rades.

Jetzt ziehen Sie langsam die Kontermutter wieder an. Setzen Sie einen Konusschlüssel an dieser Mutter an, den anderen an der Mutter auf der anderen Seite (die Sie nicht gelöst haben) der Nabe. So fixieren Sie die Achse, während Sie die Mutter anziehen.
Sobald die Mutter ganz leicht den inneren Konus berührt, setzen Sie an diesem den Konusschlüssel an. Benutzen Sie den Konusschlüssel zum Gegenhalten, damit der innere Konus sich nicht verdrehen kann.
Ziehen Sie die Mutter fest an, aber achten Sie dabei darauf, daß der innere Konus sich nicht mitdreht. Wenn er sich mitdreht, wird das Lager zu stramm angezogen, was zu Schäden an den Kugellagern führen kann. Wenn Sie finden, daß die Mutter richtig fest sitzt (und sie muß wirklich fest sein), nehmen Sie den inneren Konus und lösen ihn um eine Viertelumdrehung. Dies müssen Sie deswegen tun, weil auch die kräftigste Hand nicht verhindern kann, daß die innere Konusmutter sich ein wenig mitdreht, wenn die äußere Mutter angezogen wird.
Manchen Leuten bereitet dies Schwierigkeiten. Wenn Sie die Mutter anziehen, spüren Sie, wie sich der innere Konus zu sehr festzieht. Ein Trick, um dies zu vermeiden, besteht darin, den inneren Konus etwas weniger fest anzuziehen, bevor Sie die Mutter anziehen. Aber lassen Sie sie nicht zu lose, sonst haben Sie ein viel zu großes Achsspiel.
Wenn an Ihrem Rad die Achse oder die Nabe beschädigt ist, sollten Sie damit in eine Werkstatt gehen und die Fachleute dort nach ihrer Meinung fragen, wie der Schaden sich am besten beheben läßt.
Die Speichen aber sind die wirklichen Schlüsselbauteile des Rades. Obwohl jede einzelne Speiche sehr dünn und leicht ist, hat sie durch ihre Spannung jedoch eine enorme Stärke. Und wenn man sie erst einmal gekreuzt hat, formen die Speichen ein wirklich stabiles Rad. Weil die Speichen sehr stark belastet werden, lockern sie sich ab und zu. Um eine Speiche festzuziehen, nehmen Sie einen Speichenschlüssel und ziehen den Nippel fest, der Speiche und Felge miteinander verbindet.
Seien Sie bei alldem vorsichtig, denn die Speichenspannung bestimmt, ob das Rad wirklich rund läuft und wie stabil es ist. Drehen Sie den Nippel, bis Sie einen ganz leichten Widerstand spüren. Dann drehen Sie den Nippel um eine Achtelumdrehung. Achten Sie

dabei aber darauf, daß das Rad zentriert bleibt. Der beste Weg, um sicherzugehen, daß das Rad zentriert ist, ist ein Zentrierständer, in dem Sie das Rad fixieren, während Sie arbeiten.

Wahrscheinlich werden Sie keinen eigenen Zentrierständer haben, aber einige gute Fahrrad-Fachgeschäfte verfügen über solche Ständer, die sie auch an ihre Kunden ausleihen. Wenn Sie keinen Zentrierständer finden können, besteht eine annehmbare Möglichkeit darin, das Rad wieder in Ihr Fahrrad einzubauen und die Bremsgummis dabei als Zentrierhilfe zu benutzen – aber das ist wirklich nur eine grobe Schätzmethode. Achtung: Wenn Sie ein perfekt zentriertes Rad haben, an dem aber eine Speiche nicht fest sitzt, dann ist Ihr Rad nicht genau genug gebaut worden. In diesem Fall würde ich Ihnen empfehlen, sich mit dem Rad an einen professionellen Radbauer zu wenden, der Ihnen das Rad vielleicht richtig zentrieren kann.

Wenn Sie sich fragen, was an einem Rad, das mit Ausnahme einer Speiche perfekt zentriert ist, so schlimm sein soll, kann ich Ihnen einfach antworten: Lassen Sie sich ein Rad mit einer ungeraden Speichenzahl bauen, das so automatisch aus dem Gleichgewicht gebracht wird. An diesem Rad werden immer Speichen brechen oder sich lockern. Wenn an einem Ihrer Räder eine Speiche gebrochen ist, ersetzen Sie sie sofort durch eine neue. Der erste Schritt dazu ist, eine Speiche in genau derselben Länge zu bekommen. Um die genaue Speichenlänge bestimmen zu können, müssen Sie wissen, von welchem Hersteller Ihre Nabe stammt und ob es sich um eine Flach- oder Hochschulternabe handelt. Um herauszufinden, nach welchem Muster Ihr Rad eingespeicht wurde, wählen Sie eine beliebige Speiche und zählen, mit wie vielen Speichen sie über Kreuz läuft. So ermitteln Sie das Einspeichschema.

Als nächstes müssen Sie wissen, von welchem Hersteller Ihre Felgen stammen. Wenn Sie mit Drahtreifen fahren, brauchen Sie eine geringfügig andere Felge, als wenn Sie mit Schlauchreifen führen. Und letztlich müssen Sie wissen, ob die gebrochene Speiche aus einem Vorder- oder Hinterrad stammt.

Mit all diesen Informationen gehen Sie zu Ihrem Fachhändler. Wenn Sie Ersatzspeichen kaufen, bringen Sie sich gleich ein paar mehr mit – sie sind nicht teuer, und außerdem sollte man immer welche in der eigenen Werkstatt haben.

Um die gebrochenen Speichen entfernen zu können, nehmen Sie das Rad aus dem Rahmen, lassen die Luft aus dem Reifen und ziehen ihn ab. Wenn Sie mit Drahtreifen fahren, müssen Sie mit einem Montiereisen die Decke aus der Felge heraushebeln. Mit dem zweiten Montiereisen ziehen Sie langsam den Rest des Reifens von der Felge. Dann drehen Sie das Rad auf die andere Seite und hebeln mit einem Montiereisen die Decke an einer Stelle von der Felge. Mit einem zweiten und eventuell einem dritten Montiereisen hebeln Sie den Rest der Decke von der Felge herunter. Wenn Sie damit fast fertig sind, werden Sie spüren, daß es schwer werden wird, das letzte Stück abzuziehen. Mit ein wenig Muskelkraft geht es aber. Wenn Sie die Decke erst einmal herunterbekommen haben, können Sie den Schlauch herausnehmen.

Wenn Sie mit geklebten Schlauchreifen fahren, vergewissern Sie sich, daß die Luft vollständig entwichen ist. Drehen Sie das Rad so, daß das Ventil ganz auf dem Boden aufliegt. Als nächstes ziehen Sie den Reifen von der Felge. Dazu fangen Sie an der Oberseite an, die dem Ventil gegenüberliegt. Mit ein wenig Muskelschmalz werden Sie den Schlauchreifen von der Felge herunterbekommen. Wenn Sie in den Ventilbereich vorgedrungen sind, drehen Sie das Rad so herum, daß das Ventil nun oben ist. Ziehen Sie den Reifen erst bis zum Ventil und dann ganz ab. Nachdem Sie den Reifen nun von der Felge herunterbekommen haben, können Sie den Teil der Speiche entfernen, der in den Nippel mündet. Ziehen Sie ihn behutsam durch das Loch in der Felge, in der der Nabe entgegengesetzten Richtung.

Wenn Sie mit Schlauchreifen fahren, könnte sich eine Kleberschicht im Felgenbett gebildet haben. Wenn Sie ein wenig härter mit der Speiche drücken, sollten Sie dennoch die Speiche durch das Loch ziehen können. Jetzt entfernen Sie den unteren Teil der gebrochenen Speiche, indem Sie sie durch das Speichenloch in der Nabe drehen. Wenn Sie ein wirklich teures Rad haben, wird Ihnen auffallen, daß es in Ihrer Nabe zwei verschiedene Sorten von Speichenlöchern gibt.

Wenn Sie eine Speiche beschädigt haben, die aber nicht durchgebrochen ist, nehmen Sie den Seitenschneider und trennen die Speiche durch. Sie können den Nippel nicht einfach von der Speiche drehen, weil diese so lang ist, daß sie nicht durch das Geflecht der anderen Speichen paßt, wenn sie sich erst einmal gelöst hat.

Einsetzen einer neuen Speiche. Nach dem Herausziehen der beschädigten Speiche fädeln Sie die neue Speiche vorsichtig durch das Speichenloch in der Nabenflanke ein. Sie werden die Speiche leicht biegen müssen, um sie in der Felge einzusetzen.

Eine neue Speiche einzubauen, stellt Sie vor dasselbe Problem. Weil Sie die neue Speiche natürlich nicht durchschneiden können, müssen Sie sie zuerst durch das Speichenloch in der Nabe ziehen. Passen Sie gut auf, daß Sie die Speiche in der richtigen Richtung hindurchführen. Dies läßt sich immer genau unterscheiden, denn an jedem Speichenloch finden Sie eine kleine Einkerbung. Wenn Sie eine nach außen zeigende Speiche einsetzen, wird es einfacher sein, sie einzufädeln, aber Sie müssen sie trotzdem biegen, um sie an den anderen Speichen vorbeizuführen. Um die Speiche bis zum Speichenloch in der Felge zu führen, müssen Sie sie normalerweise drei- bis viermal an einer anderen Speiche vorbeiführen. Schauen Sie sich das Einspeichschema zwei Speichen weiter auf derselben Radseite an und machen Sie es bei Ihrer Speiche genauso.
Wenn Sie die Speichen aneinander vorbeigeführt haben, was etwa zehn bis 15 Minuten dauert, müssen Sie die Speiche noch ein letztes Mal leicht biegen, um sie durch das Speichenloch hindurchführen zu können. Nun schrauben Sie den Nippel mit dem Speichenschlüssel auf der Speiche auf, bis Sie einen Widerstand spüren. Wenn Sie diesen Widerstand gespürt haben, ziehen Sie den Speichenschlüssel mit einem Ruck um eine Achtelumdrehung an und prüfen, inwieweit das Rad noch zentriert ist. Hierzu sollten Sie das Rad wieder in den Zentrierständer einspannen. Wenn Sie keinen haben, sollten Sie versuchen, in einem Fahrradgeschäft einen solchen auszuleihen. Wenn Sie keinen ausleihen können, können Sie das Rad auch wieder einbauen und sich grob an den Bremsgummis orientieren.
Es ist wohl unbestreitbar, daß diese Prozedur recht kompliziert ist. Und jetzt haben Sie erst eine Speiche ausgewechselt. Wenn Sie sich

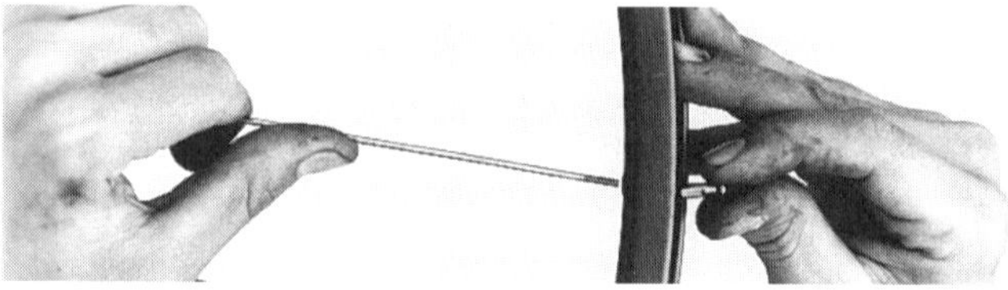

Einsetzen des Speichennippels. Setzen Sie ihn durch das Felgenloch auf und schrauben Sie ihn auf die Speiche.

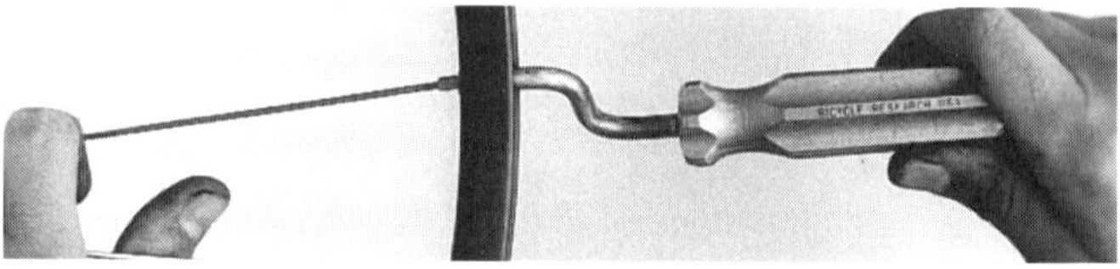

Mit diesem Speichenschlüssel wird die Speiche von der Nippeloberseite aus gespannt.

eine größere Reparatur vorgenommen haben, etwa das Austauschen einer beschädigten Nabe, dann müssen Sie das Rad von Grund auf neu aufbauen. Wie ich bereits oben gesagt habe, sollten Sie für solche Zwecke nach einem Radbauer Ausschau halten, der sein Metier beherrscht. Das Radbauen und -zentrieren ist eine Kunst für sich, die immer das Geld wert ist, das man für sie ausgibt. Auch wenn Sie jemanden haben, der Ihr Rad repariert – seien Sie nicht geizig. Versuchen Sie erst gar nicht, ein arg beschädigtes Rad reparieren zu lassen. Kaufen Sie besser ein neues Rad. Und benutzen Sie nie schon einmal verwendete Speichen, denn sie werden von Rad zu Rad unterschiedlich gelängt. Kaufen Sie neue Speichen.
Wenn sich in einem Rad ein paar Speichen gelockert haben, sollten Sie das Fahrrad zum Zentrieren des Rades in eine Werkstatt bringen. Räder müssen überdurchschnittlich oft zentriert werden, wenn Sie viel auf Kopfsteinpflaster und anderem schlechten Untergrund fahren. Denken Sie daran: Ihre Räder müssen stark und widerstandsfähig sein, auch wenn die Bauteile, aus denen sie bestehen, besonders empfindlich in der Handhabung sind.
Das Laufrad eines Fahrrades ist nur dann stark und widerstandsfähig, wenn seine Bauteile ganz genau zueinander passen und aufeinander abgestimmt sind. Aber wenn die Speichen schlecht justiert

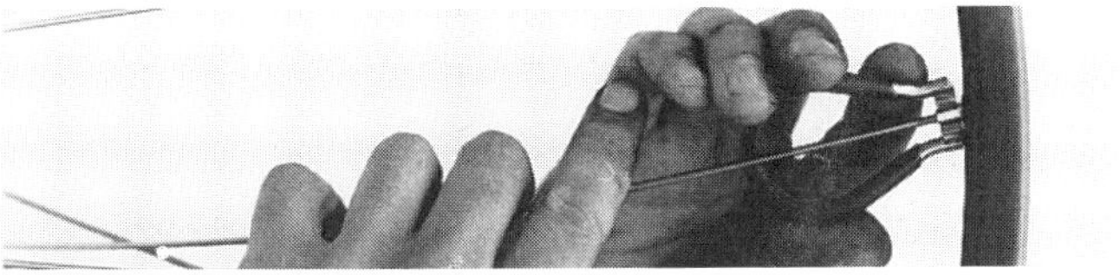

Diese Art von Speichenschlüssel ist gebräuchlicher. Mit ihm wird die Speiche am Nippelkörper gespannt.

sind, könnte das Rad sich verziehen oder brechen. Für Ihre Räder sollte Ihnen keine Wartungsmühe zu groß und kein Preis zu hoch sein, sofern Sie das Geld dafür erübrigen können.

Zusammenfassung

Die Wartung seines Fahrrades sollte jeder Radsportler im Griff haben. Sie ist gar nicht so schwierig und kann mit einer gewissen Routine zu einer Art zweiter Natur werden. Aber Sie werden dazu die richtigen Werkzeuge benötigen, etwas Zeit und etwas Hilfe. Anfangs sind Sie möglicherweise arg frustriert von einigen der komplexeren Wartungsarbeiten. Aber mit zunehmender Erfahrung wird auch das Überholen eines Tretlagers relativ einfach. Noch ein Wort zur Vorsicht: Wenn eine Reparatur Ihnen zu schwierig wird, versuchen Sie es nie mit Gewalt. Wenn Sie zum Beispiel beim Abschrauben des Freilaufzahnkranzes steckenbleiben, wäre Gewalt das Unsinnigste. So ruinieren Sie nur die Gewinde im Zahnkranz und in der Nabe gleich mit. Schämen Sie sich nicht, wenn Sie unterwegs Probleme bekommen. Lassen Sie sich von einem Mechaniker helfen. Wahrscheinlich werden Sie die meisten Fahrrad-Mechaniker sympathisch finden. Und ab und an wird Ihnen auch einer einen oder zwei Tricks verraten.

Manche Radfahrer entwickeln ein Rieseninteresse und werden sogar später selbst einmal Top-Mechaniker. Sie können auch Rahmen und Räder selbst bauen. Manche machen dieses Hobby auch zu ihrem Beruf. Aber solange Sie nicht soviel Interesse aufbringen wollen, um mehr über Ihre Ausrüstung zu erfahren, sollten Ihnen die hier beschriebenen Wartungsarbeiten genügen. Und wenn es wirklich hart auf hart geht und Sie ein echtes Problem mit Ihrem Fahrrad haben, sollten Sie gleich eine Fachwerkstatt aufsuchen.